Bagage van een Woelige Perio...

De Vroege Mid...

Redactie:
Thomas Dhoop, Marc Lodewijckx, Brigitte Meijns, Karolien Pazmany

Met bijdragen van:
Suzanne De Cock, Thomas Dhoop, Ella Egberts, Wim Knaepen,
Brigitte Meijns, Karolien Pazmany, Suzanna Praet,
Pim Van Tendeloo, Anke Wolters

Publicatie naar aanleiding van de gelijknamige tentoonstelling,
georganiseerd door Alfa,
de archeologische studentenkring van de K.U. Leuven
Universiteitsbibliotheek, 19 april tot 21 mei 2010

PEETERS
LEUVEN
2010

"My argument is that history is made by men and women,
just as it can also be unmade and rewritten,
always with various silence and elisions,
always with shapes imposed and disfigurements tolerated."

– *Edward W. Said* –

A dictionary is the only place where success comes before work.

– *Vince Lombardi* –

Afbeelding op de kaft:
Afbeelding VIOE
Naar een ontwerp van Patrick Rijks

© Peeters, Bondgenotenlaan 153, 3000 Leuven
D/2010/0602/77

ISBN 978-90-429-2402-4

Bagage van een Woelige Periode

De Vroege Middeleeuwen

INHOUD

TEN GELEIDE

Prof. Dr. BRIGITTE MEIJNS

Op 27 mei 1653 stoot een arbeider tijdens afbraakwerken nabij de Sint-Brictiuskerk te Doornik toevallig op enkele kostbare gouden objecten. De deken van de parochie wordt erbij gehaald en eist prompt een deel van de vondsten op. Er wordt snel verder gezocht en in een mum van tijd ziet een heuse schat het daglicht: honderden gouden en zilveren Romeinse munten, diverse zwaarden, waarvan één met een fraai versierd gouden handvest, met edelstenen getooid paardentuig, gouden figuurtjes in de vorm van een bij, gouden gespen en spelden, een kruisvormige gouden *fibula* met granaatstenen, een massief gouden armband... Van een ernstige archeologische opgraving is uiteraard geen sprake – de archeologie als wetenschappelijke discipline moest toen nog geboren worden – en vooral de objecten in kostbare materialen trekken de aandacht ten nadele van de andere voorwerpen die men nochtans ook aantreft tijdens de opgewonden zoektocht. De meest spectaculaire vondst is een gouden zegelring die het omschrift CHILDERICI REGIS en de beeltenis van een man draagt. Meteen beseffen de schattenjagers wat ze ontdekt hebben: het graf van Childerik I, de koning van de Salische Franken die volgens de geschreven bronnen in 481 of 482 overleden was.

Met Childerik staan we aan de wieg van de Merovingische dynastie die genoemd wordt naar Merovech, Childeriks al dan niet legendarische vader. Childerik stierf enkele jaren nadat de laatste West-Romeinse keizer in 476 in Italië afgezet werd door generaal Odoakar. Deze gebeurtenis geldt traditioneel als het einde van het Romeinse rijk in het Westen en als het startpunt van de middeleeuwen. Tegenwoordig beschouwt men de laatste eeuwen van het Romeinse rijk echter als een periode van transformatie waarbij het 'Germaanse' aandeel in de 'Romeinse' wereld gestaag toenam. Childeriks grafgiften en zegelring zijn daar het sprekende bewijs van. Enerzijds symboliseren zijn koningstitel (*rex*), zijn lange haardos (met middenscheiding en twee vlechtjes) en zijn gouden armband het Germaans koningschap. Childerik was immers koning van de Salische Franken, een volk dat oorspronkelijk langs de Beneden-Rijn in het huidige

Duitsland woonde maar dat in 358 van de Romeinse keizer het statuut van 'bondgenoten' (*foederati*) kreeg en de toelating om zich te vestigen in Toxandrië (de grensstreek tussen het actuele Nederland en België). Een eeuw later hadden de Franken hun gebied naar het zuiden uitgebreid tot Doornik, de hoofdplaats van een Romeinse *civitas* en de machtsbasis van hun vorst, Childerik. Anderzijds voerde Childerik de rang van generaal (*magister*), ondernam hij militaire acties in dienst van het Romeinse gezag en droeg hij dus met recht de gouden rechthoekige *fibula* die Romeinse functionarissen traditioneel droegen om hun mantel te sluiten.

Childerik stond met één been in de Romeinse wereld en met een ander in de Germaanse wereld van de vroege middeleeuwen. Clovis, zijn vijftienjarige zoon en opvolger, ruimde echter het laatste restje Romeins gezag in Gallië op en vergrootte zo, maar ook door andere militaire campagnes, het rijk waarover hij heerste en dat hij als persoonlijk bezit beschouwde. De zonen van Clovis traden na diens overlijden in 511 in de voetsporen van hun vader zodat omstreeks het midden van de zesde eeuw het rijk der Franken het grondgebied van het huidige België, de zuidelijke helft van Nederland, zo goed als gans Frankrijk, stukken van Zwitserland en Oostenrijk en het westen en zuiden van Duitsland besloeg. Sinds de bekering van Clovis omstreeks 496 was het katholieke geloof de vigerende godsdienst in dit uitgestrekt gebied, al wijzen vele indicaties op het tijdelijk voortleven van heidense rituelen. De macht van de Merovingische koningen begon echter te tanen ten gevolge van het Germaanse gebruik om het grondgebied onder alle mannelijke erfgenamen te verdelen. Dit leidde tot aanslepende broedertwisten, interne verdeeldheid en opsplitsingen in het *regnum Francorum*. Bepaalde aristocratische families, zoals de Pipinniden of Karolingers, wisten te profiteren van de verzwakking van de koninklijke macht en slaagden erin om het laken naar zich toe te halen. Uiteindelijk zette Pepijn III de Korte, de vader van Karel de Grote, de laatste Merovingische koning, Childerik III, af in 751. De lange haren van deze afstammeling van Childerik I werden gekortwiekt en de man werd in een klooster ondergebracht, een weliswaar vreedzame maar niettemin effectieve manier om met politieke tegenstanders af te rekenen. Met het afknippen van de lange koninklijke haardos – het handelsmerk bij uitstek van de Merovingische vorsten – eindigt de Merovingische periode en start die van de Karolingers.

De machtsuitbouw van de Merovingische vorsten, hun politiek bewind, hun maatregelen op religieus vlak, hun relaties met hun volgelingen en met de lokale aristocratie en hun onderlinge vijandschappen en afrekeningen staan centraal in contemporaine geschreven bronnen zoals *De geschiedenis*

van de Franken (*Historia Francorum*) van bisschop Gregorius van Tours
(°538/9-†594). Deze narratieve bronnen richten hun schijnwerpers op de
toplaag van de maatschappij – en het moet gezegd dat er zich nogal wat
markante persoonlijkheden bevonden onder de Merovingische koningen én
koninginnen – maar ze besteden weinig aandacht aan het leven van elke
dag. Bovendien zijn de meeste bronnen die opgesteld werden in politiek
woelige periodes erg 'gekleurd'. Ze werden immers geschreven om de
eigen partij op te hemelen en de andere door het slijk te halen. Daar komt
nog bij dat bepaalde bronnen herschreven werden in de Karolingische
periode toen andere machtshebbers het voor het zeggen hadden en er
meteen alles aan deden om hun politieke voorgangers in een zo negatief
mogelijk daglicht te plaatsen. Het beeld van de vadsige Merovingische
koningen (*les rois fainéants*) die een liederlijk leven leidden is uit Karolingische pennen gevloeid maar circuleert nog steeds.

Eerder uitzonderlijk besteden geschreven bronnen aandacht aan de
materiële cultuur. Begrafenisrituelen of wapens worden *en passant* vermeld en soms wordt van waardevolle voorwerpen een beschrijving gegeven, zoals de fraaie gouden reliekschrijnen die Eligius (Elooi), de raadge-
ver van de Merovingische koningen Clotharius II (584-†629) en Dagobert
I (623-†639) heeft vervaardigd en waarvan de *Vita Sancti Eligii* melding
maakt. Het is maar wanneer Merovingische objecten zelf het daglicht zien
dat de lang vervlogen cultuur ten volle tot leven komt. De vondsten gedaan
in een grafcontext, zoals die van Childerik I in Doornik of van koningin
Arnegundis (†ca. 580), de echtgenote van Clotharius I (511-†561) en
schoondochter van Clovis, in de abdijkerk van Saint-Denis nabij Parijs,
vertellen niet enkel iets over de sociale status van de overledene en over
diens functie, maar ook over de toenmalige artistieke smaak of over even-
tuele handelscontacten. Minder spectaculair maar daarom niet minder
waardevol zijn de bijgaven aangetroffen in de Merovingische grafvelden
die men de laatste decennia in onze streken blootgelegd heeft en waar
overledenen van bescheidener komaf werden bijgezet.

Het zijn precies deze materiële relicten van het Merovingische leven
die de studenten Archeologie van de K.U.Leuven gefascineerd hebben en
waarnaar ze enthousiast op zoek zijn gegaan. Welke wapens hanteerden
de krijgers? Welke sieraden waren in de mode en welke evolutie kan
men opmerken in de edelsmeedkunst? Welk aardewerk en welke glazen
objecten werden meegegeven aan de overledenen? Op deze en andere
vragen geven de studenten een antwoord in de hiernavolgende bijdragen
en in de tentoonstelling *De Bagage van een Woelige Periode: De Vroege
Middeleeuwen*.

DE OVERGANG VAN OUDHEID NAAR MIDDELEEUWEN

KAROLIEN PAZMANY

De vroege middeleeuwen worden gekenmerkt door een idee van duisternis die als een waas over de geschiedenis van deze eeuwen hangt. Nochtans was ook deze periode van groot belang voor de Westerse geschiedenis en is deze doorgaans beter gekend dan men op het eerste zicht zou durven vermoeden.

Conventioneel laat men de vroege middeleeuwen aanvangen in de vijfde eeuw wanneer West-Europa aanzienlijke veranderingen doormaakte en gaat deze periode over in de hoge middeleeuwen rond het einde van de 10^e eeuw, met name het jaar 1000. Hierbij mag niet uit het oog worden verloren dat binnen geschiedkundige en archeologische studies periodisering een kunstmatige constructie is, bedoeld om orde en overzicht doorheen de gebeurtenissen te creëren, maar ze qua tijd en ruimte kan variëren.

Dit artikel zal zich beperken tot een schets van de overgang van de Oudheid naar de vroege middeleeuwen doormiddel van een beknopt overzicht van de politieke gebeurtenissen, naast een korte beschouwing van de economische en sociale activiteiten uit de periode tussen de vierde tot de achtste eeuw. Hierbij zal geregeld een terugblik naar de voorgaande geschiedenis, met name het Romeinse Rijk gemaakt worden. Tot slot wordt de vroegmiddeleeuwse archeologie even aangehaald.

De politieke gebeurtenissen

De Romeinen waren het eerste volk ooit dat Europa op zo'n manier heeft weten te beheersen. Dit hadden ze grotendeels te danken aan hun goed ontwikkeld en georganiseerd legioenenleger en de daarbij horende logistieke ondersteuning, naast hun kunde om de rijksgrenzen efficiënt en nauwkeurig te verdedigen. Toch kwam ook aan dit rijk een einde. Bij het begin van de vierde eeuw was het christendom bij momenten een door de staat bejaagde sekte, maar bracht ze bij het volk een mentaliteitsverandering te weeg die de godsdienstbeleving drastisch wijzigde. De godsdienst wist zich te handhaven en in 380 werd het christendom onder de regering van Theodosius I de Grote tot staatsgodsdienst uitgeroepen. Wanneer deze in 395 stierf, werd het Romeinse Rijk definitief opgesplitst in een westelijk en oostelijk deel. Het Oost-Romeinse Rijk floreerde, mits ups en downs nog voor een tiental eeuwen verder. Het eerder armere en meer rurale West-Romeinse Rijk daarentegen kende een veel zwakkere regering en bleek een eenvoudige prooi voor de barbaren, waaronder men alle volkeren kan definiëren die niet tot het Romeinse Rijk behoorden. Langsheen de oostelijke en noordelijke grenzen van het West-Romeinse Rijk, respectievelijk de Donau en de Rijn, hadden zich in de loop der tijd Germaanse volkeren gesetteld. Zij waren de Romeinen niet vreemd. Deze Germanen werden in de Romeinse legioenen opgenomen om de grenzen van het rijk te helpen verdedigen, een taak die naar het einde van de vierde eeuw geheel aan hen werd overgelaten. Daarnaast werden Germaanse landbouwers toegelaten in de grensstreken om er het land te ontginnen en bestond er een levendige handel tussen deze verschillende etnische groepen. Tijdens de vijfde eeuw was de Romeinse politiek niet meer dan een flauw afkooksel van wat ze ooit had voorgesteld en men was genoodzaakt bondgenootschappen te sluiten met deze barbaarse volksstammen, welke de status van *foederati* toegewezen kregen. Hierdoor mochten ze zich binnen de rijksgrenzen vestigen en daarbij hun eigen gezag behouden, maar waren ze wel verplicht tot krijgsdienst. In 476 viel het West-Romeinse Rijk definitief toen het Germaanse stamhoofd Odoakar de laatste West-Romeinse keizer afzette en er nadien geen nieuwe keizer meer benoemd werd.

Het huidige Noord-Frankrijk, met name het gebied tussen de rivieren Somme en Rijn, werd door de Salische Franken beheerst onder leiding van hun koning Childerik. Deze werd opgevolgd door zijn zoon Clovis die zijn vaders rijk naar het zuiden uitbreidde en de Franken wist te verenigen. Dit rijk is beter gekend als het Frankische Rijk van de Merovingen – waarvan de naam terug gaat op de legendarische stamvader Merovech. Het kende in de zesde eeuw een territorium dat zich uitstrekte over gans huidig Frankrijk, België, het zuiden van Nederland en grote delen van huidig Duitsland. De Franken genoten het voordeel dat zij als de brengers van de Romeinse beschaving beschouwd werden in de oostelijke gebieden die zij veroverden en welke nooit deel hadden uitgemaakt van het Romeinse Rijk. Tot slot zorgde het doopsel van Clovis op zich dan weer voor een toenadering tussen Gallo-Romeinen en Franken naast een belangrijke steun vanuit de machtige structuur van de kerk aan het Merovingische koningshuis.

Doordat de Franken de ver-
overde gebieden beschouwden als
privaat en erfelijk bezit van de
koning, werd het rijk na zijn dood
verdeeld onder diens zonen. Deze
traditie wist zich enkele generaties
te handhaven tot wanneer in de
zevende eeuw enkele gebieden,
onder andere Aquitanië in het huidige zuidwesten van Frankrijk, hun
zelfstandigheid herveroverden en
de Merovingische koningen niet
meer bleken te zijn dan een soort
'marionettenkoningen' in de handen van de hofmeiers, beheerders

Zegelring met portret van Childerik I,
opschrift: CHILDERICI REGIS.
(www.merovingiandynasty.com)

van het koninklijk huis, die de feitelijke macht overnamen. Het was dan
ook hofmeier Pepijn III de Korte die in 751 een staatsgreep pleegde en
daarbij de laatste Merovingische koning Childerik III afzette. Op deze
manier maakte hij de overgang van de Merovingische naar de Karolingische periode.

De economische en sociale activiteiten gedurende deze eeuwen

In het Romeinse Rijk speelde de staat een grote rol in het economische
wezen, waarbij belastinggeld gebruikt werd voor het onderhoud van het
leger en de ambtenarij, twee belangrijke steunpunten voor het rijk. Wanneer in de derde en vierde eeuw de druk op de grenzen toenam, werden
deze taksen hoger aangezien de verdediging van het rijk kostelijker werd.
Men ziet dat keizers drastische maatregelen troffen waarop de aristocratie
zich terugtrok uit de steden en naar het platteland emigreerde. Op die
manier werd de basis gelegd voor de rurale samenleving die de vroege
middeleeuwen kenmerkt, waarbij de steden verlaten werden en enkel voor
de clerus nog een functie hadden. Vanaf de vijfde eeuw kan men algemeen
spreken van een gesloten economie waarbij de landerijen en een regionale
handel als kern van het economische leven fungeerden. Van de wereldhan-
del uit de Romeinse periode blijkt niet veel meer overeind te hebben
gestaan. Een mogelijke verklaring voor het verdwijnen van de internatio-
nale handel uit de Romeinse periode zou gezocht kunnen worden in de
verarming van de grondbezitters in vergelijking met deze uit de Oudheid

waardoor luxeproducten op een veel lagere schaal gevraagd, vervaardigd en ingevoerd werden. Nochtans bleven zuidelijke goederen via de Rhône steeds de noordelijke gebieden bereiken.

De adel kende naast een bewoning buiten de steden en een verarming van rijkdom ook andere veranderingen ten opzichte van de adel uit de voorgaande periode. Zo ziet men dat het grootgrondbezit minder uitgestrekt werd en dat delen van het land afgestaan moesten worden aan volgelingen waardoor de edelen minder vermogend werden en mede daardoor een versnippering van het land optrad. Edellieden moesten de gunst van de koning verwerven door diens persoonlijke volgeling te worden, maar op die manier was hun positie minder zeker dan tijdens de Romeinse periode. Daarnaast kende hun taak een verschuiving van bestuursopdrachten binnen de ambtenarij en de kerk naar militaire taken, onder meer het leveren en aanvoeren van troepen.

Literaire bronnen in verband met de handel in het Merovingisch Frankische Rijk zijn weinig talrijk. Gregorius van Tours, een belangrijke geschiedenisschrijver uit die tijd, vermeldde de economische situatie van enkele steden waaronder Verdun (noord Frankrijk), daarnaast verwees hij ook naar markten die geassocieerd kunnen worden met religieuze festiviteiten. Algemeen kan gesteld worden dat de derde tot de zesde eeuw een tijd van achteruitgang was die slechts een ommezwaai kende in de zevende eeuw. Innovaties als de keerploeg en het gareel, een intensiever gebruik van het landbouwgebied en een klimaatsverbetering namen het economische leven weer op sleeptouw.

Het is duidelijk dat de overgang van het Romeinse Rijk naar de vroege middeleeuwen geen breuk vormde met wat er was, maar veeleer gezien moet worden als een geleidelijke transformatie. Het is niet onbelangrijk te begrijpen dat de migraties van de verschillende barbaarse volksgroepen het resultaat waren van een aftakelend Romeins Rijk. Daarnaast moeten de koninkrijken die in de periode na de val van het Romeinse Rijk ontstonden, geschetst worden binnen de context van de overlevingsdrang van verschillende etniciteiten en kunnen de sociale ontwikkelingen niet losgekoppeld worden van deze op politiek niveau.

Vroeg-middeleeuwse archeologie

De ontwikkelingen binnen het archeologisch onderzoek vormen één van de meest belangrijke bronnen voor het bestuderen van de vroege middeleeuwen. De studie van deze periode binnen de archeologie kan waarschijnlijk teruggevoerd worden tot het midden van de zeventiende eeuw wanneer het graf van Childerik, een belangrijke Merovingische koning, aangetroffen werd in Doornik (Henegouwen, België), maar het herkennen van vroeg- middeleeuwse grafvelden als archeologische sporen brak pas door in het begin van de negentiende eeuw.

Op die manier werden archeologisch onderzochte grafvelden een informatiebron op zich, naast de visuele bevestiging van kennis uit literaire bronnen.

In tegenstelling tot Romeinse sites was én is het herkennen van vroeg-middeleeuwse sites in het landschap een veel minder voor de hand liggend gegeven. Dit is mogelijk te wijten aan een veel lagere densiteit aan artefacten die worden teruggevonden, naast het gebruik van vergankelijke materialen voor constructies en dergelijke. De aanwezige sporen zijn voor de argusogen van een archeoloog minder prominent, wat het detecteren van een site en dus ook het verzamelen van informatie bemoeilijkt. Aangezien vroeg- middeleeuwse nederzettingen zelden worden teruggevonden, zijn het voornamelijk de grafvelden waaraan de kennis over deze periode kan worden opgehangen. Deze grafvelden hebben duidelijkere sporen achter gelaten ten opzichte van de bijhorende nederzettingen. Door het bestuderen van verkleuringen in de ondergrond op plaatsen waar organisch constructiemateriaal vergaan is, kan een beeld gevormd worden van de gebouwen en structuren die men kende in deze fase van de menselijke geschiedenis.

Ook in België worden heel wat vroeg middeleeuwse sites aangetroffen waarbij onderstaande plaatsen slechts een losse greep zijn uit de talrijke vindplaatsen in eigen bodem.

Asse, provincie Vlaams-Brabant

Op de rand van de Romeinse site te Asse werden zeven graven, aangelegd in twee rijen, uit de Merovingische periode opgegraven. Eerder was al een graf aan het licht gekomen in het centrum van het opgravingsgebied. Het is niet uitgesloten dat nog ettelijke graven recent vernield werden door de aanleg van de verkavelingswegen en andere infrastructuurwerken. De site bracht eerst voornamelijk Romeinse sporen aan het licht, waaronder een uitstekend bewaard pottenbakkersatelier, de greppels en afwateringsgrachten van de Romeinse weg van Asse naar Rumst (Antwerpen), een groot aantal kuilen en andere sporen van bewoning.

Avelgem, provincie West-Vlaanderen

In de gemeente Kerkhove, bij Avelgem, werden naast prehistorische en Gallo-Romeinse sporen een Merovingische begraafplaats met bijhorende

spoor 8

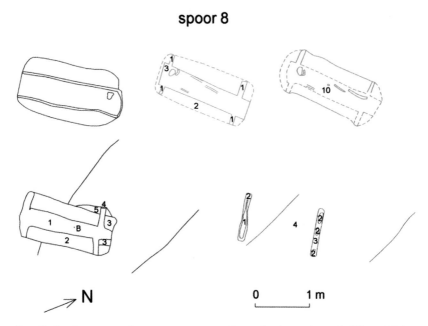

Detailtekening van graf met spoornummer 8 van de site te Asse, © Eliane Mahy,
Onderzoekseenheid Archeologie K.U. Leuven.

nederzetting opgegraven die dateert uit de vijfde tot de eerste helft van de
achtste eeuw. In de jaren zeventig van vorige eeuw waren dit de eerste
nederzettingssporen uit de vroege- middeleeuwen die in België werden
aangetroffen. Rond de vijfde eeuw zou een Merovingische bevolkings-
groep zich gesetteld hebben op de rand van de vroegere Romeinse nederzetting. In de ruïnes van de Romeinse gebouwen werd een klein grafveld
aangetroffen.

Broechem (Ranst), provincie Antwerpen
Toponiemen met achtervoegsels als, -gem, -hem, … geven een archeoloog
al een kleine hint voor een mogelijke site. Te Broechem werd bij toeval
een Merovingisch grafveld aangetroffen met zowel kistbegraving als
crematiegraven. Naast zo'n vierhonderdtal mensengraven, werden ook
drie paardengraven opgegraven. De graven kenden een zekere oriëntatie
en waren voorzien van verschillende bijgaven. Er werden geen skelet-
resten in de kistbegravingen teruggevonden, maar wel vage afdrukken van
enkele schedels en lange beenderen, naast tanden.

Chimay, provincie Henegouwen
Een aristocratische nederzetting uit de Karolingische periode werd aange-troffen tijdens de opgravingen die uitgevoerd werden in het kasteel van Chimay. Het ontdekken van verschillende graven bevestigde de hypothese dat in de loop van de achtste eeuw een gemeenschap van kanunniken zich op de plaats van het huidige kasteel zou gevestigd hebben.

Doornik, provincie Henegouwen
Reeds in de zeventiende eeuw werd hier het graf van de Merovingische koning Childerik opgegraven. Over deze opgraving bestaan niet veel documenten en ze blijft dan ook in onzekerheid gehuld. De recentere opgravingen van de grafsteden in het Stadhuispark en de St-Brixiuswijk rondom de plaats waar Koning Childerik begraven lag, leverde echter een bijzondere ontdekking op. Naast het klassiekere materiaal als wapens, pot-ten, glaswerk, sieraden en dergelijke werden ook drie kuilen met paarden-graven aangetroffen, waarschijnlijk geofferd ten tijde van de begraving van de Merovingische koning, welke zo'n twintigtal dieren bevatten.

Bronnen

Publicaties:

I. BEJCZY (2004)(2ᵉ ed.) *Een kennismaking met de middeleeuwse wereld*, Bussum.

J.M. WALLACE-HADRILL (1975) *Early Medieval History*, Oxford.

P. FOURACRE (2005) Introduction: the History of Europe 500-700, in: P. Fouracre (ed.) *The New Cambridge Medieval History* I *c. 500 - c. 700*, Cambridige, 1-12.

R. GERBERDING (2005) The Later Roman Empire, in: P.Fouracre (ed.) *The New Cambridge Medieval History* I *c. 500 – c. 700*, Cambridige,13- 34.

G. HALSALL (2005) The Sources and their Interpretation, in: P.Fouracre (ed.) *The New Cambridge Medieval History* I *c. 500 – c. 700*, Cambrdige, 36- 56

S. LOSEBY (2005) The Mediterranean Economy, in: P.Fouracre (ed.) *The New Cambridge Medieval History* I *c. 500 – c. 700*, Cambridige, 572- 605.

I. WOOD (1994) *The Merovingian Kingdoms 450-751*, Londen-New York.

Websites:

http://users.telenet.be/vroege-middeleeuwen
www.vobow.be
www.vioe.be
www.tournai.be

DE WAPENS VAN DE MEROVINGERS

Pim Van Tendeloo, Anke Wolters

Onder de vondsten uit de Merovingische periode bevinden zich veel ijzeren wapens. Deze vinden we terug omdat ze werden meegegeven in het graf. De Merovingers gebruikten diverse wapens, maar bepaalde wapens komen meer voor dan andere. De meest voorkomende zijn de *spatha* (een langs twee kanten snijdend zwaard), de *scramasax* (een kort, enkelzijdig snijdend zwaard), de *francisca* (een werpbijl), de *ango* (een speer) en pijl en boog (waarvan enkel de ijzeren pijlpunten worden teruggevonden). Dit artikel zal beschrijven hoe het ijzer werd gesmeed en zal bij enkele wapens wat meer uitleg geven.

Er is niet veel geweten over de herkomst van het gebruikte ijzer. Waarschijnlijk werd er vooral aan recyclage en aan ertswinning gedaan. Vaak werd het benodigde ijzer door de opdrachtgever aan de smid geleverd, hoewel de smid ook een kleine eigen voorraad had. Deze smid was niet noodzakelijk een vrij man, ook slaven of halfvrijen konden smeden zijn. Zij stonden dan echter in dienst van de heer op wiens land de smidse stond. De smid specialiseerde zich niet alleen in metaalbewerking maar kon ook andere ambachten, zoals houtbewerking, uitoefenen. Een smid moest echter wel een zekere vaardigheid en kennis van het ijzer en zijn bewerking hebben. Ook had hij bij het smeden hulp nodig, zoals iemand om de blaasbalg te bedienen, of bij grotere voorwerpen zelfs iemand die mee hielp behameren.

Door de hoge smelttemperatuur van ijzer (1536° C), die in deze periode nog niet bereikt kon worden, moest het metaal bewerkt worden door behamering. Hierdoor verloor het metaal echter een deel van zijn sterkte. Het verlies aan sterkte kon gedeeltelijk worden tegengegaan door het metaal te laten 'schrikken'. Dit is het plotseling in water dompelen van een gloeiend heet ijzeren voorwerp. Een andere techniek die het wapen sterker maakt is 'pattern welding'. Hierbij werden rond een ijzeren zwaardkling verschillende kleinere stukjes ijzer en staal 'gevlochten' en er daarna in gehamerd. Omdat staal zeldzamer en sterker was, probeerde men dit zoveel mogelijk langs de snede van het zwaard te smeden, zodat het zwaard

daar het sterkst en het scherpst was. Door deze techniek te gebruiken verkregen de zwaarden een speciaal patroon, dat pas zichtbaar wordt als de
kling geslepen en gepolijst is. Niet enkel zwaarden werden met deze techniek gemaakt, maar ook andere wapens, zoals de werpbijl.

Hoewel er ongetwijfeld een veel groter gamma aan wapens gehanteerd
werd, volgt hier een beschrijving van de meest gebruikte types.

De *spatha* is een lang zwaard (gemiddeld 90 cm) dat langs twee kanten
snijdt. Het wapen, dat soms zelfs meer dan een kilo weegt, werd zowel
gebruikt om mee te steken als om mee te houwen. De dubbele snijkant was
vooral nuttig voor een ruiter, omdat hij zo langs beide zijden van zijn
paard gemakkelijk zijn zwaard kon hanteren. Het is een wapen dat vooral
door de elite werd gebruikt, omdat er veel grondstoffen voor nodig waren
en omdat het vooral de elite was die te paard vocht. De kwaliteit en de rijke
versiering, die vaak op de zwaarden werd aangebracht, waren een indica-
tor van de status van de eigenaar. Er is een evolutie in het heft zichtbaar.
In de vijfde en de zesde eeuw is het heft nog gemaakt van organisch materiaal zoals hout of been, later wordt het handvat eveneens in ijzer vervaardigd en in de achtste eeuw is het meestal van massief gesmeed ijzer.

Daarnaast was er ook de *scramasax,* die op veel grotere schaal gebruikt
werd. De *Scramasax* wordt door sommige auteurs als een kort zwaard
gezien, maar door anderen als een lang mes. Het heeft een brede kling,
die langs één kant bot is. De Franken waren de voornaamste gebruikers,
hoewel ook andere Germaanse stammen het wapen hanteerden. Het is
waarschijnlijk dat het niet enkel gebruikt werd in de strijd, maar ook voor
alledaagse taken, zoals hout hakken. Het was een soort van zakmes van
die tijd.

IJzeren *scramasax*, Merovingisch grafveld Broechem, foto VIOE.

IJzeren *francisca*, foto Provinciaal Gallo-Romeins Museum Tongeren.

Hét wapen van de Franken is de werpbijl of de *francisca*. Mogelijk is de naam Franken afkomstig van de *francisca* of omgekeerd. De bijl wordt enkel gebruikt in de vijfde tot de zevende eeuw en voornamelijk door de Franken. De kop van de bijl is gemaakt van een gestaalde kern met daar omheen laagjes ijzer. De kop was smal aan de steel en werd breder naar het scherp toe. Hij werd vermoedelijk bevestigd op een kleine houten steel. De *francisca* werd aan het begin van de strijd op hetzelfde moment naar de vijand geworpen met de bedoeling om de schilden van de vijand te breken en zodoende onbruikbaar te maken. Er zijn ook enkele gevallen bekend waarbij de Franken zelfs hun bijlen naar aanstormende ruiters hebben geworpen. Naast het werpen werd het wapen soms ook gebruikt in een man tot man gevecht.

Een ander veelgebruikt wapen is de *ango* of de werpspeer. Deze had langs weerszijden twee weerhaken langs de punt, zodat hij bijzonder moeilijk uit het schild of het lichaam van de vijand te verwijderen was. Het gebruik van de *ango* is gelijkend op dat van de *francisca* in die zin dat ze hier ook probeerden het schild van hun tegenstander onbruikbaar te maken. De Byzantijnse schrijver Agathias beschrijft het gebruik van het wapen. De speer komt normaal vast te zitten in het schild. Wanneer dit gebeurt kan de Frankische strijder zijn voet op de schacht van de speer zetten, en zo het schild uit de handen van zijn vijand rukken, of hem zelfs helemaal op de grond gooien. Van een aantal wapens was de schacht dan ook verstevigd met metaal, zodat hij niet direct zou breken als men er op zou staan en zodat de vijand hem niet met een zwaard zou kunnen doorhakken. Naast de werpspeer werd er ook een lans gebruikt. Er was een grote variëteit aan speerpunten, zoals de grafvondsten ons duidelijk laten zien.

Het Frankische Rijk heeft onder de Merovingers een grote uitbreiding gekend en hun wapenproductie en de strategieën die ze gebruikten hebben hier ongetwijfeld toe bijgedragen. Ze waren één van de weinige volken die werpbijlen gebruikten, en ook de *ango* met zijn weerhaken was een gevreesd wapen. Dit in combinatie met hun zwaarden, die van een redelijk hoge kwaliteit waren, en hun elite-ruiterij gaf de Merovingers ongetwijfeld een groot voordeel tegenover hun vijanden. Er moet wel vermeld worden dat deze wapens en strategieën mogelijk beperkt bleven tot de Frankische delen van het Merovingische leger. De Merovingers rekruteerden namelijk veel mannen uit de overwonnen volkeren, en deze behielden waarschijnlijk gewoon hun eigen wapens en gebruiken.

Bronnen

Publicaties:

M. Aufleger (1996) Metallarbeiten und Metallverarbeitung, in: *Die Franken: Wegbereiter Europas*. deel 2. Mainz, 618-628.

J. Bradbury (2004) *The Routledge Compagnion to Medieval Warfare*. Londen.

B.S. Bachrach (1970) Procopius, Agathias and the Frankish Military. *Speculum* vol. 45, nr. 3, 435-441.

W. Menghin (1983) *Das Schwert im Frühen Mittelalter*. Stuttgart.

K. R. Brown (1989) The Morgan Scramasax. *Metropolitan Museum Journal* 24, 71-73.

E. Zöllner (1970) Francisca bipennis. *Mitteilungen des Instituts für Österreichische Geschichtsforschung*. dl. 78e. Wenen, 27-33

KERAMIEK IN DE VROEGE MIDDELEEUWEN

Thomas Dhoop

Keramiek

Keramiek vormt een van de best gekende vondstcategorieën bij het grote publiek. Het op zicht kunnen dateren van een pot, pan of kom uit ver vervlogen tijden behoort tot het algemene beeld van wat het betekent om een archeoloog te zijn. Gedetailleerde aardewerkstudies zijn echter een specialisatie binnen de archeologie en houden veel meer in dan mooie potjes dateren en uitstallen in vitrinekasten. Wat volgt is een poging om kort uit te leggen wat keramiek kan betekenen voor een archeoloog om vervolgens wat dieper in te gaan op de keramiek van de vroege middeleeuwen.

Waarom is keramiek nu zo belangrijk voor de reconstructie van het dagelijks leven in het verleden? Allereerst wordt het heel vaak en in grote hoeveelheden gevonden op archeologische sites. Aardewerk was een vaakvoorkomend product in het verleden. Denk maar eens aan de hoeveelheid potjes die u ongetwijfeld thuis in de kast heeft staan en hun vele functies. Men kan ze gebruiken om te koken, om voedsel in op te warmen, om voedsel in te bewaren en ga zo maar door. Vroeger was dit niet anders. Containers uit aardewerk werden voor dezelfde doeleinden gebruikt. Ook het consumeren van drank gebeurde vaak uit aardewerken bekers en ze werden tevens gebruikt bij religieuze riten. Scherven van potten konden zelfs dienst doen als funderingmateriaal bij het bouwen van een huis. Hierbij komt dat aardewerk voor iedereen toegankelijk was. Men kan een onderscheid maken tussen luxe aardewerk en eenvoudiger aardewerk. Iedereen kon het zich dus veroorloven om keramiek in huis te halen. Het was zelfs zodanig goedkoop dat het voordeliger was om een pot die brak te vervangen dan hem te herstellen. De wegwerpcultuur is dus zeker geen recent fenomeen. Al deze factoren en het feit dat keramiek zeer goed bewaard blijft in de bodem verklaren het gegeven dat we zoveel scherven van aardewerk vinden op archeologische sites.

Als archeoloog mogen we ons echter niet blind staren op deze over-vloed aan keramiek. We moeten er ons van bewust zijn dat er ook nog heel wat producten op de markt waren met gelijkaardige functies die we niet meer of in geringere mate terugvinden op sites. Ongetwijfeld werden er glazen flessen en bokalen gebruikt, maar deze worden in veel minder grote hoeveelheden teruggevonden aangezien gebroken glazen voorwerpen kunnen worden omgesmolten tot nieuwe voorwerpen. Toch worden verder in dit artikel enkele glazen voorwerpen kort besproken om het vakman-schap van de Merovingische ambachtsman aan te tonen.

Hoe kunnen aardewerkscherven de archeoloog nu van dienst zijn? Ze kunnen ons een idee geven van het dagelijks leven van de mens in het verleden, hoe men kookte, hoe men dingen bewaarde, maar ook wat men at kan men achterhalen aan de hand van archeometrische technieken zoals verder kort besproken wordt. Ze kunnen gebruikt worden om handel aan te tonen tussen bepaalde streken door het voorkomen van keramiek die niet lokaal geproduceerd werd en dus geïmporteerd moet zijn uit een ander gebied. Tevens kunnen ze worden gebruikt om iets over de aard van de vindplaats te zeggen. Daarnaast wordt aardewerk soms ook aangewend om andere artefacten die zich in dezelfde context bevinden te dateren. Toch is het aangeraden om kritisch te staan tegenover zulk een datering. Bepaalde potten kunnen namelijk lang in gebruik geweest zijn en aanzien zijn als een familie-erfstuk waardoor hun leeftijd aanzienlijk kan verschil-len met de leeftijd van het misschien 'recente' artefact dat ernaast gevon-den wordt.

Aardewerk in de vroege middeleeuwen

De Romeinse keramiek, die voorafgaat aan de Merovingische keramiek in onze streken, had in het begin van de vroege middeleeuwen nog steeds een grote invloed op deze Merovingische keramiek. De late Merovingi-sche keramiek zal dan op zijn beurt de aanzet geven voor de Karolingische keramiekproductie.

De evolutie van de vorm van Merovingische keramiek kan het makke-lijkst geschetst worden aan de hand van drie kenmerkende voorbeelden. Bij de start van de Merovingische periode rond het jaar 450 n. Chr. zien we nog duidelijk de invloed van de Romeinse keramiek. Getuige hiervan is de *terra nigra* schaal (vooraan foto). De naam *terra nigra* is afkomstig van de zwarte of donkergrijze kleur die deze objecten hebben. Deze schaal is nog volledig gemaakt in de laat- Romeinse traditie. Kort daarna doen de

(v.l.n.r.) Vroegmiddeleeuwse amfoor, *terra nigra* schaal en tuitpot,
(www.museumkennis.nl)

typische biconische- of knikpotten hun intrede. Karakteristiek voor deze
potten zijn een scherpe knik in de wand en een vlakke bodem. Vervolgens
zien we een evolutie naar meer bollere vormen van aardewerk waarvan de
tuitpot (rechts op foto) een mooi voorbeeld is. Deze potten vinden hun
ingang rond 600 n. Chr. De knikpotten worden nu slanker. De amfoor
(links op foto) is dan weer een goed voorbeeld van de late Merovingische
keramiek. We situeren ons nu tussen 675 en 750 n. Chr., het is dan dat de
bolle types de meerderheid vormen en de knikpotten verdwijnen.

De Merovingische keramiek werd zowel met de hand gemaakt als op
het pottenbakkerswiel. Het vroeg middeleeuws aardewerk dat met de hand
gevormd werd, is meestal op huishoudelijk niveau geproduceerd. Dit
houdt in dat de keramiek binnen het gezin door de vrouw vervaardigd
werd. De vormen die met de hand gemaakt werden, zijn dan ook de vormen die men dagelijks gebruikt zoals kook- en voorraadpotten en tafel-
waar. De grondstof waarvan men gebruik maakte, was klei die gemagerd
werd met zand, steen, gruis of organisch materiaal. Mageren betekent dat
men bij de klei 'vervuilende' elementen gaat toevoegen zodat de pot niet
gaat barsten bij het bakken. Van deze klei maakten ze rolletjes die men op
elkaar legde en die vervolgens bijgesmeerd werden. Daarna werd eventueel versiering aangebracht om tot slot de potten te bakken in een open vuur
of veldoven. Het aardewerk dat op het pottenbakkerswiel vorm kreeg,

werd geheel anders geproduceerd. Hier hebben we te maken met een productie op het niveau van samenwerkende workshops wat inhoudt dat een aantal pottenbakkers zich gaan verenigen in een soort van pottenbakkerscentrum. In een dergelijk centrum was er sprake van een ver doorgevoerde specialisatie en de vervaardiging van gestandaardiseerde vormen.

Om een pot te versieren werden soms doorboorde uitstulpingen aangebracht of werd er gebruik gemaakt van rolstempels en losse stempels, zeldzamer zijn opgelegde kleibandjes. Verder werden er ook incisies gemaakt in de vorm van concentrische cirkels rondom de pot. Merovingische pottenbakkersovens worden zelden teruggevonden. Vermoedelijk waren het liggende, peervormige veldovens en waren al dan niet ingegraven. Veel aardewerk werd ook in open vuur gebakken. Hoe deze potten aan de man werden gebracht, is nog niet helemaal duidelijk. Een mogelijkheid is dat er reizende pottenverkopers van nederzetting naar nederzetting trokken. Een andere optie is dat ze verkocht werden op regionale markten.

De Merovingische keramiek wordt hoofdzakelijk in grafcontexten teruggevonden. Het begraven van de doden in de vroege middeleeuwen moet men zien in het licht van het christendom dat zijn ingang vindt. Inhumatie (kistbegraving) komt het meest voor in de vroege middeleeuwen, waarbij meestal een pot als bijgave aan de dode werd meegegeven. Deze pot werd dan bijgezet in het graf of werd in een apart doosje nabij het graf begraven. Ook crematie kwam nog voor maar in mindere mate. Bij deze vorm van begraving kon aardewerk fungeren als urne voor de overblijfselen van het lichaam, maar meestal zijn het brandgraven zonder urne. Er zou ook sprake geweest zijn van een feestmaal op het kerkhof ter nagedachtenis van de overledene. Dit gebruik kreeg af te rekenen met sterk protest uit de hoek van de geestelijken en werd uiteindelijk vervangen door de eucharistie. Schriftelijke bronnen geven weinig informatie over deze feestmalen en keramiekstudies kunnen helpen deze gebeurtenissen te reconstrueren. Zo kan aan de hand van archeometrische studies nagegaan worden of er sporen van wijn in de potten in het graf aanwezig zijn.

Archeometrische studies of de toepassing van natuurwetenschappelijke technieken binnen de archeologie geeft de ceramologie een heleboel nieuwe mogelijkheden om het verleden te onderzoeken. Zo is de residu-analyse in volle ontwikkeling binnen de archeologie. Via deze techniek is men in sommige gevallen in staat om te bepalen wat in een bepaalde container bewaard werd of de functie ervan te determineren. Wanneer voedselresten als een korst aan het aardewerk kleven of resten in de poriën van het aardewerk zijn doorgedrongen, is het mogelijk om doormiddel van analytische methoden te achterhalen welk voedsel in deze container heeft

Voorbeeld van een rijkversierde palm cup (www.britishmuseum.org)

gezeten. Men kan dus achterhalen wat de mensen aten in de vroege middeleeuwen, in welke pot ze kaas maakten en in welke pot ze vlees bereidden. Eerder werd al vermeld dat er ongetwijfeld ook gebruik gemaakt werd van glas, maar dat dit door de mogelijkheid om het terug om te smelten weinig teruggevonden wordt. Zo werden er naast de glazen gebruiksvoorwerpen zoals flessen en bokalen ook glazen klokbekers en hoornbekers teruggevonden. Ook de soms prachtig versierde 'palm cups' (foto) zijn het vermelden waard. Glazen voorwerpen konden prachtig versierd worden met rozetten en 'veer-motieven' Dit toont dat er nog steeds sprake is van groots vakmanschap bij de productie van voorwerpen in de vroege middeleeuwen.

Bronnen

Publicaties:

B. EFFROS (2002) *Creating Community with Food and Drink in Merovingian Gaul*, New York.

A. DEAN (1988) *Ceramic Theory and Cultural Process*, Cambridge.

S. VAN LITH (1987) Late Roman and Early Merovingian Glass from a Settlement at Maastricht, in: *IPP-publicatie, 458*, New York.

W. HUPPERETZ (1999) Uitpakken 3: Een Merovingische pottenbakkersoven uit Kessel-Hout, *Archeologie in Limburg* 79, 11-12.

Websites:

www.museumkennis.nl

www.onderzoeksbalans.be

MEROVINGISCHE EDELSMEEDKUNST

ELLA EGBERTS, SUZANNA PRAET

De vroege middeleeuwen zijn een periode van veranderende grenzen en nieuwe contacten. Volkeren verhuizen en oorlogen worden gestreden. Deze gebeurtenissen weerspiegelen zich eveneens in de edelsmeedkunst waarbinnen de versmelting van de vele culturen uit Europa en het Oosten die in de Merovingische tijd tot stand kwamen, waar te nemen zijn.

De edelsmeedkunst bekleedde in de vroege middeleeuwen geen geringe rol. De mens is van nature uit een ijdel dier dat zich bijgevolg graag versiert, maar dat is nooit de enige reden geweest om te investeren in glimmend goed. Door sieraden en versierde wapens worden immers macht, status en identiteit uitgedrukt. Het uitdrukken van macht is niet het enige, de legitimatie van deze macht is even belangrijk. Vooral wanneer deze net vergaard was, op een andere manier bekomen werd dan volgens heersende rituelen of op een oneerlijke wijze verkregen werd. Door middel van symbolen en rituelen worden in vele gemeenschappen de heersende machtsverhoudingen verklaard en gerechtvaardigd.

Metalen hebben de mens sinds de ontdekking ervan beroerd, ze zijn fascinerend en vooral kostbaar. Welk materiaal zou zich beter lenen voor de materialisatie van iemands macht? In de Merovingische periode, na onrustige tijden, zijn dergelijke tekenen van macht, status en identiteit belangrijk. Deze zien we terug in edelsmeedkunst van die tijd. Tegelijkertijd vindt het christendom vastere bodem in Noordwest Europa en wendde dit nieuwe geloof de edelsmeedkunst ook aan om God en het nieuwe geloof te doen stralen en de mensen te beroeren. Kunst wordt aangewend voor belangrijke gelegenheden en staat in nauw verband met macht.

Het vakmanschap is dus van een niet te onderschatten belang voor de machthebbers. De kunst van het bewerken en versieren van metaal was niet eenvoudig en de steeds talrijkere mogelijkheden om schoonheid te creëren werden door deze vakmannen beheerst en met elkaar verweven. We werpen een blik in de glimmende wereld van de edelsmeedkunst in de periode die nog zo vaak de duistere middeleeuwen wordt genoemd.

Voorbeelden van vroegmiddeleeuwse edelsmeedkunst, links: gouden
ring, rechts: rijk versierde vergulde zilveren boogfibula, foto's VIOE.

Materiaal en technieken

Wanneer de grondstoffen aanwezig waren en de edelsmid niet beperkt
werd door gebrek aan rijkdom, had hij de keuze uit vele materialen. Verschillende metalen konden toegepast en gecombineerd worden. Daarbij
kon de vakman ook gebruik maken van allerlei soorten edelstenen en
halfedelstenen. Ook vele verscheidene technieken met oorsprongen uit
alle windstreken werden gebruikt.

IJzer was in de vroege middeleeuwen zeer populair. Het werd vooral
gebruikt voor de grotere voorwerpen die vervolgens versierd konden worden met een ander metaal, terwijl voor de kleinere voorwerpen graag brons
werd aangewend vanwege zijn gouden glans. De edele metalen waren
vaak enkel voor de aristocratische klasse weggelegd, dit omwille van het
beperkt aantal bronnen. Als oplossing hiervoor werden metalen gemengd.
Zilver werd vaak gemengd toegepast en goud werd vooral aangewend als
bladgoud waardoor er minder van het kostbare materiaal nodig was, maar
toch een zelfde resultaat verkregen kon worden. Niello is een voorbeeld
van gemengde metalen, bestaande uit zilver, koper en zwavel. Later werd
ook nog lood toegevoegd. Niello heeft een zeer donkere, zwarte kleur wat
een mooi contrast geeft met de andere gebruikte materialen.

Van de edelstenen werden saffier, diamant, kristal, kwarts, jaspis en
smaragd tot de meest kostbare beschouwd. Verder werden parels, amethist,

topaas en andere stenen verwerkt in de voorwerpen. Vooral granaat wordt veel teruggevonden in de Merovingische edelsmeedkunst en kent vele kleuren, van rood tot violet.

Na het vervaardigen van een voorwerp door de edelsmid, restte enkel nog het versieren. Ook hier kende men een veelheid aan technieken, waarvan het inleggen en graveren tot de eenvoudigste behoorden. Beiden konden gemakkelijk gecombineerd worden. Het principe is dat met een graveernaald het decor en ornament op het metaaloppervlak werd ingekerfd. In de zo ontstane holtes konden dan zilver- of andere legeringsdraden ingehamerd worden. Tot slot werd met een fijne slijpsteen het oppervlak glad gemaakt.

Verwant aan het inleggen en graveren was het niëlleren. Ook hier werd eerst de achtergrond uitgegraveerd. Daarna werd in een smeltkroes, door de goudsmid zilver en koper gesmolten en in een tweede lood en zwavel. Dat werd dan samen gegoten en gemengd. Uiteindelijk werden ze in een kom water gedaan, waar zich korreltjes vormden. Deze werden verpulverd en met het poeder werd het gegraveerde decor opgevuld. Tot slot werd alles nog eens langzaam verhit, waardoor het niëllopoeder terug smolt en zich gelijkmatig verspreide over de lijnen. Tot slot werd het resultaat ook nog gepolijst, waardoor een zeker contrast met de zilveren of gouden achtergrond ontstond. De techniek was afkomstig uit het mediterraans gebied waar men het gemengde metaal inlegde en graveerde. Via Egypte raakte deze techniek bekend in Myceens Griekenland en vond via daar de weg naar Rome en de rest van Europa.

Een techniek die voor de goudsmid redelijk gevaarlijk was, was het vuurvergulden, aangezien men gebruik maakte van kwikzilver. De dampen die hierbij vrijkwamen, waren schadelijk voor de mens. Van het goud dat men gebruikte, werd er nog eens acht maal zoveel kwikzilver toegevoegd en verhit. Het ontstane mengsel, dat goudamalgaan wordt genoemd, werd in water gegoten. Wanneer dit later afgegoten werd, bleef er een fijn poeder achter. Dit wordt op het te vergulden voorwerp aangebracht dat verwarmd werd. Wanneer het een temperatuur van ongeveer 350°C bereikte, verdampte het giftige kwikzilver waardoor alleen het goud achterbleef. Dit werd fijn gepolijst, waardoor een mooi goudkleurige oppervlakte werd bekomen.

Verder kende men nog de technieken van granulatie, filigraan en emailcloisonné.

Granulatie was een versiertechniek waarbij kleine goudkorreltjes op een gouden onderlaag aangebracht werden. Het is waarschijnlijk afkomstig van Etrurië (Noord – Centraal Italië), en verspreide zich van daaruit

Gouden schijffibula (kledingsspeld) met ingelegde platte
ronde bruinrode steen en filigraanwerk in de vorm van
ronde cirkeltjes, foto VIOE.

naar de rest van Europa. Het goud werd in kleine partikeltjes gesneden en
samen met houtskoolstof zorgvuldig in een smeltkroes verhit. De gouddeel-
tjes namen bij het afkoelen hun typische kogelvorm aan, waarbij de kool-
stofdeeltjes in hun samenstelling werden vermengd. Door deze aanwezigheid werd de smelttemperatuur van het granulaat verlaagd, waardoor bij
verhitting de korreltjes aan de onderlaag gesoldeerd werden. Soms verkrijgt
men verschillende korrelgroottes en werden deze eerst gerangschikt per
grootte of gezeefd, zodat men de gelijkaardige bolletjes bij elkaar kreeg.

Bij filigraan werd dezelfde techniek aangewend als bij granulatie.
Samen behoorden ze tot de meest geraffineerde technieken van de edelsmeedkunst uit de vroege middeleeuwen. In de latere periodes was het
gebruik van deze soort versiering zeldzaam, tot het herontdekt werd in de
Nieuwe Tijd. Er werd vooral gebruik gemaakt van goud en in zeldzame
gevallen ook van zilver. Filigraan zijn lange, dunne draden die op een
onderlaag, bestaande uit hetzelfde materiaal, gesoldeerd werden. Het was
waarschijnlijk een erfenis van Helleense technieken die door de Griekse
ambachtslui werden gebruikt aan de rand van de Zwarte Zee.

De email-cloisonnétechniek was afkomstig uit het Oosten. Vooral
Egypte en Perzië waren belangrijke centra. Op een metalen oppervlak
werd een netwerk van cellen uitgespreid die met behulp van goud- of zil-
verdraad erop werden gesoldeerd en als scheidingswand dienden. Deze
cellen konden opgevuld worden met stenen (vooral rood granaat), email,

Fragmentaire cirkelvormige bronzen hanger
versierd met concentrische emailversiering,
foto VIOE.

glas,... meestal van een andere kleur, zodat men een soort van mozaïek
verkreeg. Deze werden vaak op een bepaalde manier ingelegd, waardoor
de gouden of zilveren oppervlaktes onderaan nog zichtbaar waren.

Invloeden en contacten

De edelsmeedkunst was een manier waarop de mens zich profileerde en
waardoor verschillen in klassen en heersende ideeën onderscheiden konden worden. Het is echter ook een weerspiegeling van de tijd waarin het
ontstond. Door technieken en stijlen kan men ook handelscontacten en
invloedsgebieden achterhalen.

Een versmelting van culturen was reeds te zien bij de Franken, de
grondleggers van de Merovingische cultuur. De Germaanse traditie en
Romeinse elementen zijn beide terug te vinden in de materiële overleve-
ring. In de edelsmeedkunst is vooral de invloed en aansluiting bij de
Romeinen aanwezig. De chip-carvingtechniek was een veel gebruikte

techniek die door de Romeinen in Noordwest Europa werd geïntroduceerd. Bij deze techniek werden in een wassen model lijnen uitgesneden, waardoor men op het bronzen voorwerp vooruitspringende versiering verkreeg. Frankische edelsmeden eigenden zich echter meer en meer Romeinse figuren zoals palmetten, spiralen en dieren toe.

Na de val van het Romeinse rijk waren in het Frankische Rijk twee groepen te onderscheiden, de Franken en de Gallo-Romeinen. Met de samensmelting van de culturen van deze groepen ontstond de Merovingische cultuur. In deze periode traden ook in de metaalbewerking veranderingen op. Een verandering kan men afleiden uit de afbeelding van dieren die van een zachte vorm in de Laat Romeinse tijd naar abstractere vormen in de Merovingische periode evolueerde. Ook de versiering werd over het gehele decoratieve oppervlak uitgebreid. Het Germaanse abstracte aspect fuseerde met de ontwikkelde technieken van metaal- en glasbewerking van de Romeinen.

Oosterse stijlen en technieken werden in deze periode aangevoerd door andere Germaanse volkeren zoals de Visigoten, Ostrogoten en de Hunnen die kennis en cultuur van voorbij de oostelijke Romeinse grenzen naar Noordwest Europa brachten. Zo zijn zelfs invloeden uit Perzië (Iran) in de Merovingische edelsmeedkunst te vinden waaronder de polychrome (kleurrijke) sieraden.

De edelsmeedkunst aan het hof kreeg ten tijde van Childerik (c. 440 - c. 481), zoon van Merovech, een meer eigen karakter waarin vooral de oosterse invloeden een rol speelden. Op die manier sloot het hof aan bij de voormalige Romeinse overheersers en is het een teken van continuïteit in de kunst en ideeën. Clovis (c. 465 - c. 511), zoon van Childerik, heerste als eerste over alle Franken. Hij bekeerde zich tot het katholicisme en ook dit weerspiegelde zich in schitterende edelsmeedkunst. Christelijke elementen kregen een plaats in de siervoorwerpen. Niet alleen etaleerde Clovis zijn macht en rijkdom door middel van zijn uiterlijk, hij liet ook zien dat hij katholiek was en dat was niet van gering politiek belang. De Gallo-Romeinen, die al voor een groot deel bekeerd waren in de Romeinse periode, vonden door de bekering van Clovis dus meer aansluiting bij deze Frankische koning. Voor Clovis was de steun van de Gallo-Romeinen niet onbelangrijk voor de versteviging van zijn macht en de positie van het Frankische Rijk in Europa.

De komst van het christendom bood de edelsmeedkunst bovendien nieuwe mogelijkheden aan. De schittering en rijkdom werden gebruikt voor de verheerlijking van God bijvoorbeeld door rijkversierde boekbanden en reliekkisten.

Na de dood van Clovis werd het Frankische Rijk verdeeld onder zijn zonen die het land verder uitbreiden. Ondanks de bekering tot het christendom werden nog steeds veel grafgiften meegegeven aan de doden waardoor ook de edelsmeedkunst uit deze periode een weg vond naar het heden. Binnen het grote Frankische Rijk kwamen verschillende regionale stijlen voor met elk een ander recept aan externe invloeden. Toch was er in het grote rijk een set van basisvormen terug te vinden die in de 6de eeuw n. Chr. over het hele rijk populair was geworden. Onder deze basisvormen vallen chip-carved-spiralen, geometrische meanders, ingelegde granaten, ornamenten van filigraan, broches en dieren zoals vissen en vogels.

Bronzen fibula in de vorm van een zittende vogel, foto VIOE.

De abstracte stijl evolueerde terug naar een zachtere stijl die werd gekenmerkt door doorlopende vormen. De dieren werden afgebeeld als lange gevlochten linten met dierenkoppen. De lijnen waren continu en symmetrisch. De zachtere lintstijl was ontstaan in Noord-Italië uit een samengaan van de abstracte, vroege stijl en mediterraanse invloeden. Aan het hof raakten Germaanse invloeden steeds meer verweven met de voorheen voornamelijk oosters georiënteerde edelsmeedkunst.

De Europese economie nam toe en de contacten doorheen Europa ook. De Merovingische kunst werd verrijkt, maar de macht van het Merovingische hof nam af en op lokaal niveau bevonden zich grootgrondbezitters die behoefte hadden aan het tentoonspreiden van hun macht en rijkdom.

Ook de kerk en het christendom werden machtiger en dat uitte zich in steeds meer verschillende voorwerpen die met edelsmeedkunst versierd werden; kruisen, relieken, altaarstukken, kelken,... Er ontstond bij gevolg een soort van dubbele kunstuitoefening, een voor profane en een voor seculiere doeleinden. Vooral de kerk zorgde voor een bredere artistieke achtergrond door de vele en oude contacten in het Mediterraans gebied, de bakermat van het christendom. Juist door deze toenemende macht en rijkdom van de kerk kwamen nieuwe vormen en materialen naar Noordwest-Europa.

Tekens zoals Alpha en Omega, begin en eind, kregen een plek in de Europese edelsmeedkunst, gevlochten patronen werden uitgebreider en populairder, gelijkarmige kruisen, herhalende plantenpatronen werden gecombineerd met Germaanse dierenkoppen. Ook personen en afbeeldingen van christelijke verhalen, zoals 'Daniel in de leeuwenkuil' kregen een plaats in de edelsmeedkunst, welke terug te brengen zijn tot hun mediterrane en oosterse voorgangers.

Herkenbaar zijn de ronde broches versierd met opgelegde stukjes glas of (half)edelsteen in klavervorm. De dieren, vooral dierenkoppen, werden gecombineerd met de nieuwe invloeden en een nieuwe synthese vond plaats in de vormtaal.

De edelsmeedkunst van de Merovingers bleef doorleven ondanks hun afnemende macht. Doordat de hofmeiers de stijlen van het hof bleven gebruiken, vonden de Merovingische vormen hun weg tot in de Karolingische periode. Deze bleven doorschemeren in de cultuur en kregen een plaats in de kunsttaal van Noordwest Europa.

Kortom, de Merovingische edelsmeedkunst is een historisch verhaal waarin contacten, invloeden en heersende ideeën worden weerspiegeld en ligt aan de basis van de Europese kunst.

De edelsmeedkunst is niet alleen een verhaal van koningen en politiek. Achter elk schitterend siervoorwerp zit een mens, een systeem van handel en samenwerking, een maatschappij. Edelsmeden bleven niet onbesproken in literaire bronnen. Vooral in verband met kerkelijke aangelegenheden werden zij geroemd om het vakmanschap of herstelwerk van belangrijke christelijke voorwerpen zoals boekbanden. De positie van de edelsmid wordt ook duidelijk uit de lovende woorden over zijn werk. Daarnaast worden op de voorwerpen ook tekens aangetroffen die kunnen gelden als een soort signatuur en dus wijzen op het zelfbewustzijn van de edelsmid. Het was hij die de bijzondere voorwerpen kon vervaardigen die mensen de mogelijkheid gaven een boodschap uit te dragen.

Bronnen

Publicaties:

I. P. BEJCZY (2004) *Een kennismaking met de middeleeuwse wereld*², Bussum.

P. LASKO (1965) Prelude to Empire. The Frankish Kingdom from the Merovingians to Pipin, in : D. T. Rice (ed.) *The Dark Ages. The making of European Civilication*, Londen, p. 197-218.

H. MARYON (1949) Metal Working in the Ancient world, *American Journal of Archaeology* 53, 2, p. 93-125.

EDITH B. RICKETSON (1947) Barbarian Jewelry of the Merovingian Period, *The Metropolitan Museum of Art Bulletin* 5, 5, p. 136-143.

H. ROTH (1986) *Kunst und Handwerk im frühen Mittelalter: archäologische Zeugnisse von Childerich I. bis zu Karl dem Grossen*, Stuttgart.

E. SALIN (1957) *La civilisation mérovingienne d'après les sépultures, les textes et le laboratoire*, 3. *Les techniques*, Parijs.

A. WIECKZOREK en P. PÉRIN (2001) *Das Gold der Barbarenfürste, Schätze aus Prunkgräbern des 5. Jahrhunderts n.Chr. zwischen Kaukasus und Gallien, Publikationen de Reiss-Museums Mannheim*, Band 3, Stuttgart.

ARCHEOLOGISCHE SPOREN VAN RELIGIEUZE EN BEGRAFENISRITUELEN

WIM KNAEPEN

Archeologische sporen zijn eeuwenoude vraagstukken waaraan iedere dag weer verder gezocht wordt. Dit geldt ook voor de Merovingische sporen. Vondsten van Merovingisch materiaal in de 18de, 19de en zelfs 20ste eeuw leverden fraaie sieraden, edele metalen en andere kostbare schatten op. De meeste nationale musea van West-Europa staan er bol van. De kennis over de spirituele wereld en de behandeling van de doden binnen een sociale context of maatschappelijke sfeer is vooral sinds de laatste decennia gegroeid.

Hierbij staan we even stil bij een aantal aspecten van de Merovingische religieuze wereld en de zorg voor de doden. Dit artikel behandelt hoe de doden begraven werden, wat de eventueel herkenbare doodsoorzaak was en gaat kort in op de algemene levensstandaard. Er zal eveneens een licht geworpen worden op de religieuze bouwwerken, en de (heidense) rituelen en (graf)gebruiken. Jammer genoeg is het onmogelijk om in dit korte bestek de (archeologische) werkelijkheid tot zijn recht te laten komen. Voor de huidige academische stand van zaken kan de bibliografie een startpunt zijn.

Een antieke wereld of een middeleeuwse wereld?

De dominante religie in de Merovingische periode was het christendom dat zich verzette tegen het paganisme en het arianisme (heidense geloven). Het christendom won in de loop van de vierde eeuw aan belang. Op dat ogenblik was het christendom de staatsgodsdienst binnen het Romeinse Rijk. Na het verdwijnen van het Romeins imperiaal gezag namen de bisschoppelijke provincies de Romeinse provinciale indeling over.

Toch bleef het christelijke geloof in de beginperiode eerder oppervlakkig en slecht begrepen bij de gewone bevolking. De oorlog en de plunderingen deden geen goed aan de gedachte van liefde en vergiffenis die deze religie verkondigde. Het volkse geloof in de natuur was steeds aanwezig en het christendom speelde dikwijls in op de rituelen die daarmee gepaard gingen. Clovis en zijn zonen Theoderik en Chlotarius I traden echter niet actief tegen andere godsdiensten op zoals het arianisme of het paganisme en zo bleef het pluralisme aan religies gedeeltelijk behouden. Het was immers pas vanaf de zevende eeuw, toen de missionarissen uit Aquitanië (Zuid- west Frankrijk) en de Ierse monniken hun intrede deden in onze gewesten, dat ook de lokale Frankische adel zich liet dopen en christiani-satie intrad.

Een aanvankelijk beperkte christelijke aanwezigheid hield echter niet tegen dat er in de zesde eeuw en later een groei was aan leden van de gees-telijke stand (clerus). Naar het einde van de Merovingische periode gingen adel en clerus hand in hand. Zij domineerden en stimuleerden het leven door middel van de bouwactiviteiten, de ambachten en de handel. Daarnaast kwa-men de bisschoppen tussen in het economische leven. Meestal bekostigde de hogere adel deze kapitaalinjecties. Op de domeinen van de lokale adel werden er kerken en kloosters opgericht vanwege enerzijds sterk religieuze redenen, maar ook omwille van politieke redenen. De voornaamste troef was het consolideren van de macht door controle over de religieuze instel-lingen. In een later stadium gaven leken *pro remedio animae* fondsen aan monastieke gemeenschappen. Het latere biechten verving gedeeltelijk de geldelijke verplichtingen om zich zo van morele schulden vrij te kopen.

Op het einde van de zesde eeuw kende men niet minder dan 220 kloos-ters in de best gechristianiseerde gebieden: Provence, Aquitanië en Bour-gondië. Het Frankische gedeelte van Germanië daarentegen was pas tegen de achtste eeuw gechristianiseerd. Karakteristiek waren de band met Rome en haar liturgie.

De toenmalige maatschappelijke visie met een sterk op eer gestoelde wetgeving beïnvloedden het religieuze leven en de begrafenisrituelen sterk. Hierbij was bloedwraak meer dan eens de oorzaak van een overlij-den. Prestige en pronkgedrag waren anderzijds aanleidingen voor het her-haaldelijk voeren van oorlogen door diverse graven en hertogen.

De zorg voor de doden

Merovingische grafvelden kwamen op rond het jaar 500 en werden in de loop van de achtste eeuw als begraafplaats opgegeven. Inhumatie (kist-begraving) was de belangrijkste vorm van begraving. De eerste begraaf-plaatsen ontwikkelen zich buiten de nederzettingen in de open rurale

Zicht op drie graven in opgravingscontext uit de Merovingische
periode, site Broechem, foto Karolien Pazmany.

gebieden. In de vijfde, zesde en zevende eeuw situeerden meer en meer
begraafplaatsen zich aan en rondom kerken. Hierdoor ontstonden er
begraafplaatsen in de nederzettingen zelf. Deze evolutie was echter langzaam en zeker niet abrupt te noemen. Het begraven buiten de nederzettingen was het gevolg van een Romeinse wet (codex theodosianus) die
begravingen binnen de nederzettingen verbood. Dit werd echter geleide-
lijk aan opgegeven ten voordele van de christelijke gebruiken die de Kerk
meebracht. Toch had diezelfde Kerk een sterke Romeinse traditie, een
erfenis uit de periode waarin ze ontstaan was.

Voor de begraafplaatsen op het platteland koos men kalkheuvels uit met
in de nabijheid een beek en een oude weg. Etniciteit is meestal zeer moeilijk te achterhalen in een archeologische context, maar het zou hier om een
mengeling van tradities gaan. Het archeologische bestand laat ons niet toe
te bepalen of het heidense of reeds christelijke graven zijn. De beek zou
een verband kunnen hebben met één of andere watercultus, terwijl het
begraven langs of dichtbij een weg een typisch (Gallo-)Romeins gebruik
was. De oudste begravingen kwamen vooral voor in het midden van deze
heuvels. Begravingen volgden elkaar op naar de top die zelf soms bedekt
was met graven. Veel zeldzamer zijn de begravingen aan de heuvelvoet
(o.a. door verplaatsing van de rivier door de eeuwen heen of door het
afzetten van meters dik alluvium of colluvium). Deze begraafplaatsen

waren soms een opvolging op Romeinse en/of ijzertijd (La Tène II) graf-velden. In Béhaut (dicht bij de Vogezen in Frankrijk) legden archeologen Merovingische begravingen naast Gallo-Romeinse crematiegraven bloot. Daarnaast waren er ook in alluviale vlakten en nabij rivieren begravingen te vinden. Belangrijke voorbeelden hiervan zijn Champ-des-Tombes te Pompey (Frankrijk) gelegen in de vallei Meurthe-et-Moselle (Meurtheri-vier) en Audincourt in de vallei Doubs (Doubsrivier).

Verlaten bouwwerken uit de Gallo-Romeinse periode dienden eveneens als begraafplaats. De ruïnes van Gallo-Romeinse villa's worden dikwijls herbruikt. De ruïnen deden niet alleen dienst als begraafplaats, maar ook als plaatselijke groeve. In het kerkje van Overlaar (Tienen) zijn veel Romeinse dakpannen en ander bouwmateriaal, afkomstig uit de nabij gelegen *villa* Goudberg (Hoegaarden) verwerkt en dit is nu nog zichtbaar aanwezig.

Vanaf de vierde eeuw lieten rijke en machtige mensen (zoals koningen, hertogen…) zich in basilieken en kerken begraven. Bijzettingen *ad sanc-tos* hadden het zo dicht mogelijk begraven bij de begraafplaatsen van heiligen tot doel. Daarnaast richtten rijke aristocratische families monu-mentale gedenktekens op. De monastieke gemeenschappen onderhielden nadien deze memorial. Hierdoor kon er een duidelijk sociaal onderscheid gemaakt worden dat visueel voor iedere voorbijganger op te merken viel. Daarenboven werden crypten voor heiligen opgericht. Te Provence (Frankrijk) is de Saint-Maximincrypte een goed voorbeeld van een recht-hoekig overwelfde ruimte waar men aan de zijkanten van de crypte vier sarcofagen bijgezet had. Dit grafmonument werd in de jaren '20 gerestau-reerd en was de eigendom geweest van een Gallo-Romeinse familie. Mar-meren tegels bedekten de vloer van de crypte. Uitgebreide crypten deden zich ook ondergronds voor: een vervolg op het gebruik en de aanleg van catacomben. In grafkelders lieten rijke christelijke families gebeeld-houwde reliëfs aanbrengen op trappen, vloeren… Guirlandes en andere boordversieringen omkaderden een rijk (christelijk) repertorium aan scè-nes. Hierbij voegden zich ook in Romeinse kapitalen inschriften (epita-fen) van religieuze aard. In Poitiers vond men een fries met de vier bij naam genoemde aartsengelen.

Merovingische mensen kozen voor locaties die reeds een sacrale bete-kenis hadden of een verband vertoonden met een bepaald aspect van het heidense geloof. Diverse voorbeelden zijn bekend van bronstijd *tumuli* (grafheuvel) waar in het midden op de top een Merovingisch graf werd aangelegd. Dit is het geval in Dotternhausen (Wurtemberg, Duitsland) waar men een man met zijn wapens op een dergelijke bronstijd heuvel had begraven. Te Champagne (begraafplaats Justice de Hans, Marne) werden

eveneens zes Merovingische grafheuveltjes gevonden bovenop de aard-
hopen die de kuilen (daterend uit de vierde en vijfde eeuw v. Chr., Late
IJzertijd Marne periode) flankeerden. In archeologische context dient men
echter altijd op te letten voor schijn van gelijktijdigheid. Het is m.a.w. niet
zo zeker of bepaalde structuren nog goed zichtbaar dan wel herkenbaar
waren in het landschap wanneer het om vroegere overblijfselen handelde.

Een prettig detail zijn de diverse plaatsnamen die naar de Merovingische begraafplaatsen verwijzen. Zo zijn er bijvoorbeeld de Tummkensberg
of het Heydens kerkhof in België. Er zijn religieus, christelijk getinte
plaatsnamen, maar ook heel wat verwijzingen naar de tomben zelf of naar
de doden. Ook het Franse woord voor sarcofaag (cercueil) heeft zijn naam
gegeven aan Cerseuil te Aisne in Frankrijk.

Op hedendaagse begraafplaatsen duidt men graven met een kruis of
meestal een grafplaat aan. Hoe ging dit in zijn werk voor Merovingische
grafvelden? Van houten aanduidingen zijn er geen resten meer bewaard
gebleven, maar van sommige stenen aanduidingen wel. De Salische
(Frankinsche) wetgeving maakte melding van grafaanduidingen uit ver-
gankelijk materiaal. Er zouden hagen van doornstruiken geweest zijn om
begraafplaatsen aan te duiden. Daarnaast maakte men gebruik van lage

Vroeg middeleeuwse grafstèle met christelijke tekens
(http://www.mijnalbum.nl/GroteFoto-U3S7WLIM.jpg)

muurtjes uit rivierkeien opgemetseld met vettige kalk. Hiermee scheidde men een aantal graven, behorende tot één familie, van de rest van het grafveld af. Een cultische gracht was een andere mogelijkheid om het grafveld af te sluiten. Zeer zelden duidde een ringgrachtje een aantal graven aan. Ten slotte volgden aanduidingen van stèles (met een geringe hoogte van 10 tot 30 cm) de Romeinse grafstèles op. In de derde of vierde eeuw had men nog Gallo-Romeinse voorbeelden met een gebeeldhouwd aangezicht van de overledene. Latere (Merovingische) types droegen geometrische motieven en christelijke tekens.

In uitzonderlijke gevallen kwam crematie voor. Men wendde dit gebruik aan alvorens in de derde en vierde eeuw over te gaan op inhumatie. Op de begraafplaats van Kielensberg, dicht bij Ulm (Duitsland), ontdekte men voor deze periode 66 graven waarvan 19 crematiegraven. Vaak deponeerden nabestaanden in dezelfde grafkuil naast de inhumatie een asurne met de resten van een ander individu. Aan het begin van de Merovingische periode verbrandde men de overledene nog vooral in onze gewesten en was dit minder frequent aanwezig in het huidige Frankrijk. Het christendom stemde, afgezien van mogelijke andere motieven, in met het intact behouden van het menselijke lichaam.

Hoe werden de doden begraven?

Eerst kleedde men de dode in een lijkwade vervaardigd uit linnen. In een latere periode verving een lederen uitvoering de linnen lijkwade. Een matras van meerdere keren gevouwen linnengoed werd voorbereid. Een wollen stof bedekte de matras waarop men vervolgens de dode opbaarde. De textielproducten bleven tot op heden bewaard door de corrosie van metalen objecten die mee het graf ingingen. Naast dit textiel gebruikte men geurende kruiden die men eventueel toevoegde aan het graf. Ook resten van planten werden door de goede bewaring samen met het metaal gevonden.

Men kan een duidelijk onderscheid maken tussen de graven van mannen en vrouwen. In de Romeinse periode moesten de epigrafische bronnen het geslacht bevestigen. In de Merovingische periode was vooral de wapendracht typerend voor de mannengraven. Het langzwaard (*spatha*), een kortzwaard (*scramasax*), een lans (*ango*) en een schild waren de voornaamste bijgaven (deze zijn reeds in detail behandeld eerder in deze publicatie). Vrouwengraven kregen vooral smukvoorwerpen mee met onder andere een hele set juwelen zoals haarspelden, oorringen, halssnoeren, mantelspelden, ringen en armbanden. Daarnaast kregen de overledenen vaak nog aardewerken potten, bronzen en glazen vaatwerk en werktuigen mee in het graf. De vernoemde uitzet was bedoeld voor de rijkste personen, want voor de middenklasse bleef dit beperkt tot slechts een aantal stukken. Tenslotte waren één of een paar aardewerken potten het meeste wat de armste mensen zich konden veroorloven. Naarmate de tijd verstreek en men meer de kerkelijke gang van zaken volgde, voorzagen de nabestaanden minder of zelfs geen bijgaven meer.

De rijkdom van de persoon en zijn stand en aanzien binnen de maatschappij bepaalden hoeveel middelen er aan zijn graf besteed werden. De nabestaanden konden uit verschillende soorten doodskisten kiezen. Het gebruik van sarcofagen stamde uit een Romeinse traditie. De diverse materialen waaruit men deze lijkkist vervaardigde, waren onder andere hout, steen en plaaster. Experimenteel onderzoek op plaasteren kisten toonde aan dat er mallen uit hout werden gemaakt waarin men dan ijzeren platen met negatieve motieven verwerkte. Men produceerde eveneens loden en gemetste bakstenen lijkkisten. De oudste sarcofagen waren rechthoekig, terwijl de latere kisten naar het voeteinde versmalden. De uitsparing aan het hoofdeinde om het rollen van de schedel tegen te gaan, werd pas zichtbaar vanaf het jaar 800.

Sommige Merovingische grafvelden lieten een duidelijke trend doorheen de tijd zien. De oudste graven waren houten kisten met bijzettingen vrij in de grond. Een volgend stadium betrof grafkisten uit vrij opgestapelde ruwe steenblokken en tenslotte schakelde men op stenen sarcofagen over.

Nog niet alles is gezegd over houten kisten. Ook rijke lieden lieten zich bijzetten in houten koffers die met ijzeren krammen aaneen werden geklonken. De buitenkant van deze koffer kon worden bekleed met plaatijzer. Begravingen in boomstammen kwamen veelvuldig voor en waren niet alleen te vinden op afgelegen grafvelden. Dit getuigen de boomstambegravingen, ondermeer aangetroffen in de kerk van Lagney (Meurtheregio).

De begraving zelf gebeurde in een grafkuil waarbij zowel de diepte als de positie van het lichaam kon variëren. Eén van de meest voorkomende posities is diegene waarbij het lichaam in natuurlijke houding op de rug lag en het gezicht naar de hemel keek. De armen rustten naast het lichaam of lagen gekruist of met de handen samengevouwen over de borst. Toch brachten opgravingen een aantal merkwaardige lichaamshoudingen aan het licht. Zo werd Karel De Grote (Karolingische periode) zittend begraven. Overledenen werden soms dubbel geplooid begraven. Het lichaam was in twee gevouwen waarbij de benen uitgestrekt waren, het hoofd tegen de knieën geplaatst en de dode op zijn kant gelegd. Tenslotte zijn er nog

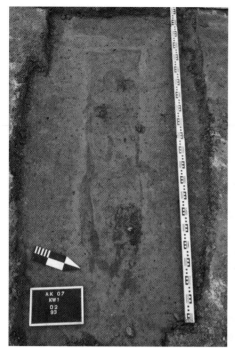 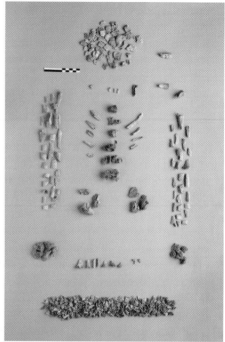

Links: opgraving van een inhumatiegraf te Asse, © Kristine Magerman,
Onderzoekseenheid Archeologie K.U. Leuven.
Rechts: crematieresten in anatomisch verband, foto VIOE.

voorbeelden van bijzettingen waarbij het gezicht tegen de grond is gelegd.
Op deze manier zou Pepijn de Korte (Karolingische periode) begraven zijn
geweest.

De grafvelden bevatten meestal mooi geordende en op verschillende
afstanden netjes gescheiden graven. Meestal onderscheidden zich duidelijke groepen. Hierbij ontdekte men onder andere mannengraven met een
rijk grafmeubilair waarrond heel wat andere graven georiënteerd lagen. In
Pierre-la-Treiche (Meurthe-et-Moselle) trof men een twintigtal mannen
met een *scramasax* en dolken aan rond een monolithische sarcofaag van
een rijk mannelijk persoon. Tegengesteld is de situatie in Villey-Saint-
Étienne (Meurthe-et-Moselle) waar een rijke persoon gescheiden werd
bijgezet. Toch zijn er grafterreinen waarop heel wat graven gegroepeerd
en onregelmatig verspreid liggen.

De oriëntatie van de graven hangt af van de geordendheid of ongeordend-
heid van de begraafplaatsen. Bij de geordende grafvelden oriënteerden de

graven zich met het gezicht van de overledene naar de opkomende zon. In oudere publicaties betreffende de Merovingen maakte men een scheiding tussen de ongeordende graven van (christelijke) Gallo-Romeinen met onbepaalde oriëntatie en Germaanse geordende graven met ofwel een noord-zuid oriëntering (onder invloed van de Pontico-Donau regio) ofwel een oriëntering naar de opkomende zon. Toch waren er voldoende regionale verschillen die hun eigen oriëntatie verkozen en pas vanaf de zevende eeuw veranderden naar de oriëntatie waar de opkomende zon centraal stond.

Doodsoorzaak en de levensstandaard

Fysisch antropologisch onderzoek geeft een kijk op het levenseinde van de Merovingische mens. Hoe was hij of zij aan het einde van zijn of haar leven gekomen en had hij of zij een goed bestaan gehad?

Zoals eerder vermeld waren op heel wat begraafplaatsen aanduidingen van gewapende conflicten te vinden. Merovingische skeletten laten dikwijls sporen van geweld zien. Het opnieuw aaneengroeien of het slecht genezen van beenderen blijft zichtbaar. Ziekte kon een andere doodsoorzaak geweest zijn. Syfilis en de Engelse ziekte (rachitis) werden in diverse begraafplaatsen geïdentificeerd. Een (te) langdurig kauwproces was daarnaast de aanleiding voor een extreme tandslijtage die veel werd aangetroffen. Nierstenen (toen dodelijk) kwamen eveneens voor. De voorgaande aandoeningen betroffen echter geen uitzonderingen!

Op basis van deze en andere ziekten kan besloten worden dat men een hard leven leidde in over het algemeen moeilijke omstandigheden. Kindersterfte was alomtegenwoordig en in de begraafplaats te Grigny aan de Seine-et-Oise betroffen 12 van de 27 individuen kinderen waarvan 9 jonger dan 10 jaar. Zowel voor mannen als voor vrouwen lag de gemiddelde leeftijd tussen 19 en 23 jaar wat voor onze normen bijzonder jong is. In slechts uitzonderlijke gevallen zoals in de voorgenoemde begraafplaats hadden personen een langere tijd geleefd. Ondervoeding was dagelijkse kost en werd ondermeer veroorzaakt door de continue opeenvolging van oorlogen. Er is echter niet veel bekend over de toenmalige medicijnen of de medische kennis.

Vervormingen van de schedel waren zeer zeldzaam en kwamen slechts voor bij mannen. De afwezigheid van dijbenen en andere beenderen toebehorend aan diverse ledematen waren geen uitzondering. Zwaardslagen en andere verwondingen aan het hoofd van o.a. pijlpunten of speren bleken dagelijkse kost, want hiervan getuigden de grafvelden in Luxemburg,

België en Frankrijk (vb. Envermeu en Etretat, Normandië; Lete te Aalst…).
Dit beperkte zich niet enkel tot volwassen mannelijke schedels. Op diverse
begraafplaatsen groef men kinderen met een door *scramasax* of speer
gekloofde schedel op. Bij overlevenden van de eerste impact kon in sommige gevallen de daardoor ontstane meningitis (ontsteking van de hersen-
vliezen) de uiteindelijke doodsoorzaak geweest zijn. Bij een aantal sche-
delletsels waren soms tekenen van genezing zichtbaar.

Religieuze bouwwerken

Als eerste kerken in het Romeinse Rijk fungeerden koophallen of ruime
kamers in familievertrekken. Deze ruimten hadden één gemeenschappe-
lijke karakteristiek: het waren gemeenschapsruimten waar veel of relatief
veel mensen tegelijkertijd konden vertoeven. Door het gebruik van de
basilica te optimaliseren voor de christelijke cultus kwam dit type van
bouwwerk in onze gewesten terecht. De basislay-out van een *basilica* was
samengesteld uit een rechthoekige ruimte waarvan drie beuken gescheiden
werden door twee rijen pilaren die uitgaven op een halfrond in het oosten
gelegen absis. Een verdere uitbreiding en aanpassing is ons bekend: een
dwarsbeuk ten westen van de absis.

In onze gewesten bouwde men in de Merovingische periode kerken uit
hout. De eerste attestaties en voorlopers van de stenen bouwwerken te
Thiers, Reims, Tongeren… waren uit houten planken en balken vervaardigde constructies. De latere stenen constructies hadden ook nog een bij-
komende variatie naast het basilica-type: door het eveneens afronden van

Reconstructietekening van een vroeg middeleeuws kerkje
(www.zijpermuseum.nl)

de dwarsbeukuiteinden onder de absis kreeg men een klaver-vormig patroon. Tenslotte kende men ronde bijgebouwen die later dienden om bijvoorbeeld de sacristie in onder te brengen.

Heidense middeleeuwen

In veel van de vroegere publicaties betreffende de Merovingische periode komt een sterke dualiteit tussen het christendom en het paganisme of heidense geloof naar voren. Dit dient gerelativeerd te worden. Een langzaam proces van kerstening en verspreiding van het christendom is typerend voor deze periode. Het bijgeloof blijft aanwezig, ook al verbood de Kerk dit. Daarnaast nam het christelijk geloof plaatselijke elementen van de Romeinse traditie, lokale vereringen van personen en goden als heiligen en op de natuur gebaseerde religies over.

Men gaf het gebruik van Gallo- Romeinse tempels op, maar gebruikte deze plaats soms als rituele grond voor kerken. De heidenen pakten de christelijke leer af en toe hardhandig aan en op andere ogenblikken vulde het christendom de onoplosbare gaten aanwezig in de heidense religie op. Hierdoor ontstond een mengeling van gebruiken die archeologisch meestal moeilijk te achterhalen zijn. Christelijke missionarissen werden op basis van Latijnse teksten aangemaand heidense tempels te vernietigen en heidense rituelen te verbieden. De opgravingen weerspiegelen deze aanmaningen echter niet. Men gebruikte bijvoorbeeld een heidens steenblok, met daarop vier heidense godheden gebeeldhouwd, als altaar in de kerk van Latour te Luxemburg (België).

Veel van de archeologisch zichtbare sporen roepen meer vragen op dan antwoorden. Vanwege hun niet permanent karakter gingen veel van de sporen verloren. Het gaat hierbij om onder andere bronnen of fonteinen, heilige bomen en andere heilige plaatsen die enkel door een gracht of een houten constructie afgebakend werden. Er bestaan echter heden ten dage ook nog heel wat bronnen en fonteinen die als trekpleister voor pelgrims dienst doen.

Volgende rituelen zijn minder van vanzelfsprekend. Op basis van schriftelijke bronnen zou de aarde waaronder de dode begraven werd meermaals per jaar afgebrand geweest zijn. Elke opgraving meldt ons overblijfselen van rode, verbrande aarde, stenen, kolen en asse. Als verklaring werd meestal verwezen naar resten van een vuurcultus of een grafmaaltijd. Het dodenmaal was immers gebruikelijk in de (Gallo-) Romeinse periode. Een andere meer plausibele verklaring zijn de verandering van houten banken, hagen of afsluitingen tot houtskool materiaal

over een verloop van tijd in de bodem. Toch blijven deze zaken grotendeels speculatief waar tegenover archeologen weinig harde bewijzen kunnen plaatsen. Niet alle resten wijzen immers op een religieuze betekenis.
Resten van een maaltijd onder de vorm van dierlijke en plantenresten aan-
geboden aan de dode werden wel in een aantal graven aangetroffen. In
Sankt-Severin te Keulen en te Schretzheim in Würtenberg zijn er resten
teruggevonden van gebakken vogel in honing, alcoholische dranken
waaronder wijn en een hele lijst aan schalen van walnoten, hazelnoten,
mosselen… De christelijke gemeenschap en zelfs kloosters en kerken
namen dit heidense gebruik over. Het gebruiken van een maaltijd boven
de graven werd in stand gehouden tot de zesde eeuw ook al was dit soms
verboden door de seculiere overheid.

De schedel stond centraal bij de Merovingische mens. Antropomorfe
resten getuigen van een soort schedelcultus. Zo treft men schedels die als
een oorlogstrofee tussen de benen van hun overwinnaars werden begraven, een gebruik dat van de ijzertijd dateerde. Te Villy (Savoie) kwam
men een begraving tegen van een oude vrouw met tussen haar benen een
schedel waarvan het gezicht naar deze vrouw gericht was. Aan het uiteinde
van het graf lag de man in normale anatomische houding waartoe deze
schedel behoord had. Het hoofd speelde een prominente en belangrijke rol
in de begraving en werd geacht de geest en de kracht van de overledene te
bevatten. Er zijn geen aanwijzingen voor mensenoffers. Onthoofding kon
daarentegen wel plaatsgevonden hebben. Veel van deze schedelbegravin-
gen bevatten opvallend genoeg geen kaak die wel terug gevonden werd bij
andere skeletten. Dit wijst erop dat men de persoon niet onthoofd had. Pas
na het overlijden en na het wegrotten van het vlees (her)begroef men de
schedel. Een voorouderculrus behoort tot één van de algemeen aanvaarde
theorieën. In deze cultus werd er gestreefd naar legitimatie van de sociale
status binnen de maatschappij door afstamming van een voorouder. Deze
behandeling van de dode is geen uitzondering. De dood was immers altijd
nabij en dagelijks fysiek aanwezig. Op basis van de reeds vermelde levensstandaard en leeftijdsgrens hoeft dit geen verrassing te zijn.

Bronnen

Publicaties:

L.-J. BORD (1981) *Les Mérovingiens. Les Rois Inconnus*, Vouillé.

A. DIERKENS (1984) Superstitions, christianisme et paganisme à la fin de l'époque mérovingienne, in: H. Hasquin (ed.) *Magie, Sorcellierie, Parapsychologie*, Brussel, 9-26.

A. DIERKENS (1998) Evidence of Archaeology, in: L. J. R. Milis (ed.) *The Pagan Middle Ages* (vertaald uit het Nederlands: *Heidense Middeleeuwen*), Woodbridge, 39-65.

B. EFFROS (2002) *Caring for Body and Soul. Burial and Afterlife in the Merovingian World*, Pennsylvania.

C. ENLART (1927³) Périodes mérovingienne, carolingienne et romane, in: *L'architecture religieuse* 1 (*Manuel d'archéologie française. Depuis les temps mérovingiens jusqu'à la Renaissance* 1) Parijs, 112-164, 205-214.

P. PÉRIN (1985) *Collections mérovingiennes* (*Catalogues d'art et d'histoire du musée Carnavalet* 2) Parijs, 707-716, 738-762.

J. LE RÉGINE (2006) *Les Mérovingiens*, (*Que sais-je?*) Parijs, 54-76.

E. SALIN (1973²) *La civilisation mérovingienne d'après les sépultures, les textes et le laboratoire. Deuxième partie: les sépultures*, Parijs.

W. A. VAN ES (1968) *Grafritueel en kerstening*, Amsterdam.

H. YITZHAK (1995) *Culture and Religion in Merovingian Gaul*, Leiden, New York, Keulen.

B. YOUNG (1977) Paganisme, christianisation et rites funéraires mérovingiens, *Archéologie Médiévale* VII, 5-81.

B. YOUNG (1984) *Quatre cimetières mérovingiens de l'est de la France, Lavoye, Deue-sur-Meuse, Mézières-Manchester et Mazerny. Étude quantitative et qualitative des pratiques funéraires* (*BAR International Series* 208) Oxford.

PROF. EM. DR. A. VAN DOORSELAER EN DE MEROVINGERS

Suzanne De Cock

Dit artikel heeft als doel de carrière van prof. em. Dr. André Van Doorselaer te belichten. Zijn werk en jarenlange inzet zijn van groot belang voor de nationale vroegmiddeleeuwse archeologie. Zijn enthousiasme en passie voor de wetenschap zijn lovenswaardig en een voorbeeld voor elk archeoloog.

Een van de rode draden doorheen de wetenschappelijke carrière van prof. em. Dr. André Van Doorselaer is zijn interesse in de overgangsproblematiek tussen de Laat- Romeinse periode en de vroege middeleeuwen, wat resulteerde in onderzoek en opgravingen in zijn drie 'werkgebieden': Oost-Vlaanderen (Rijksuniversiteit Gent), West-Vlaanderen (Katholieke Universiteit Leuven en K.U. Leuven Campus Kortrijk en de Vereniging voor Oudheidkundig Bodemonderzoek in West-Vlaanderen) en Vlaams-Brabant (K.U. Leuven).

Zijn carrière is gestart in 1953 na zijn studies Geschiedenis aan de Rijksuniversiteit Gent met een licentiaatsverhandeling over 'De Gallo-Romeinse begraafplaatsen in België'.

Afkomstig uit Dendermonde (°1930) heeft hij nooit de band met zijn geboortestad verbroken. Vandaag is hij de actieve voorzitter van de Geschied- en Oudheidkundige Kring van het Land van Dendermonde en dit sedert 1987. Vanaf 1959 zetelt hij al in het bestuur.

Met zijn belangstelling voor de geschiedenis van zijn geboortestad startte in 1956 zijn wetenschappelijke carrière met de inventaris, studie en publicatie van de in 1932 ontdekte Merovingische begraafplaats op de Zwijvekekouter te Sint-Gillis-Dendermonde. Onderzocht in 1933-1935 door Prof. Dr. J. Breuer waren «*de opgedolven voorwerpen beland in de kelders van het Jubelparkmuseum*» (...) «*en werd in 1956 toelating verleend de Oudheidkundige Kring van Dendermonde met deze studie te gelasten*». Hij heeft deze site nooit meer losgelaten.

Zijn universitaire loopbaan te Gent begon in 1959 als assistent aan het Seminarie voor Archeologie aan de Rijksuniversiteit Gent geleid door

Prof. Dr. S.J. De Laet. Hij promoveerde in 1962 tot doctor in de Geschiedenis met zijn thesis *'De Gallo-Romeinse begraafplaatsen in Noord-Gallië'*. Naderhand verbonden als werkleider was hij tot 1978 globaal van Pasen tot oktober belast met archeologisch veldwerk op diverse sites, vnl in Oost-Vlaanderen (Destelbergen, Huise, Belsele, ...) doch ook in Henegouwen met Blicquy. Naast zijn lesopdrachten was hij een actief auteur/redactielid/recensent van de archeologische tijdschriften *Archeologie*, *Helinium* en het *Cultureel Jaarboek van Oost-Vlaanderen*. In een samenwerking tussen de Nationale Dienst voor Opgravingen en het Seminarie voor Archeologie aan de Rijksuniversiteit Gent voerde hij opgravingen uit tussen 1964 en 1967 op het Merovingische grafveld van Beerlegem, waarvan onderzoek reeds opgestart werd tussen 1955 en 1957 door de Nationale Dienst voor Opgravingen.

Vanaf 1968 startte hij in West-Vlaanderen in opdracht van de Nationale Dienst voor Opgravingen met systematische opgravingen op de Kemmelberg. Zijn onderzoek tussen 1968-1980 resulteerde in neolithische sporen *in situ* maar vooral in de aanwezigheid van de meest noordwestelijke hoogtenederzetting van lokale aristocratie in de Keltische wereld.

Sedert 1969 als lector en vanaf 1973 als buitengewoon docent met het college *'Inleiding Archeologie, Kunstgeschiedenis en Oudheidkunde'* werkte hij mee aan de uitbouw van de K.U.L. Campus Kortrijk.

Vanaf 1978 maakte hij definitief de overstap van Gent naar de Katholieke Universiteit Leuven en werd belast met de colleges *'Prehistorie en Metaaltijd'*, als gewoon hoogleraar vanaf 1979 met de colleges *'Inleiding tot de archeologie'*, *'Methodiek van het archeologisch onderzoek'*, *'West-Europese metaaltijd'* en tot 1986 met de *'Aggregatieopleiding Archeologie en Kunstwetenschap'*.

Met het college *'Provinciaal-Romeinse en Vroegmiddeleeuwse archeologie en kunstgeschiedenis'* sedert 1986 was hij verantwoordelijk voor de leeropdracht *'West-Europese en nationale archeologie'*. In 1987 werd hij directeur van het *Interfacultair Centrum voor Archeologisch Onderzoek* en van 1992 tot zijn emeritaat in 1995 werd hij verkozen als departementsvoorzitter. Hij bleef college geven tot 1997.

In 1972 werd hij betrokken bij de Streekvereniging voor het Oudheidkundig Bodemonderzoek in Zuidwest- Vlaanderen naar aanleiding van de wens van de Provincie West-Vlaanderen een Provinciaal archeologisch studiecentrum en museum uit te bouwen te Kortrijk.

Door de verruiming - op vraag van de Provincie West-Vlaanderen - tot de Vereniging voor Oudheidkundig Bodemonderzoek in West-Vlaanderen (V.O.B.o.W.) op 9 maart 1974, waarvan hij ook stichtend bestuurlid wordt, geraakte hij meer en meer betrokken bij het archeologisch onderzoek in

West-Vlaanderen. A. Van Doorselaer is tot heden voorzitter van de Technische Commissie en co-voorzitter van de Vereniging.

Onder zijn wetenschappelijke leiding start de V.O.B.o.W. in 1974 met M. Rogge een preventief noodonderzoek te Kerkhove naar aanleiding van geplande infrastructuurwerken van de Nationale Maatschappij voor Waterleidingen van België én van Romeinse oppervlaktevondsten. Systematisch onderzoek vanaf 1975 tot op heden leverde sporen op van Prehistorie (Mesolithicum tot Bronstijd), een Romeins administratief logistiek centrum met houtbouwfase in de 1ste eeuw en twee fasen steenbouw, resp. uit de 2de eeuw en de 3de eeuw, een laat-Romeins graf en sporen van houtbouw. De vondst in 1975 van Merovingische graven in de ruïnes van een 3de eeuws Romeins gebouw en in 1976 van Merovingische bewoningssporen en de studie van het in stratigrafisch verband opgegraven aardewerk, daterend van de 5de tot de 8ste eeuw, leidde tot de identificatie, voor de eerste maal in België, van Merovingische nederzettingssporen en dit op basis van handgevormde 'nederzettingsceramiek' in chamotte-techniek! De presentatie en confrontatie van deze nieuwe vondsten in het geografisch kader van de Scheldevallei en het Noord-Franse kustgebied, maar ook binnen de bredere context van het Noordwest-Europese vasteland, leidde tot de organisatie van het Internationaal Colloquium *De Merovingische beschaving in de Scheldevallei*' aan de K.U.L. Campus Kortrijk van 28 tot 30 oktober 1980 en tot hernieuwde belangstelling en onderzoek van de Merovingische periode.

Via het Onderzoeksfonds van de K.U. Leuven en de K.U.L. Campus Kortrijk *'Archeologisch-geomorfologisch onderzoek rond de Romeins administratief-logistieke inplanting te Kerkhove'* werd in een vierjarig onderzoeksproject (1981-1984) een uitgebreide *Landesaufnahme* uitgevoerd in het (zand)leemgebied van Zuid-Oost en West-Vlaanderen. Dit resulteerde in opgravingen te Heestert, Tiegem en Kooigem in West-Vlaanderen en Zegelsem, Michelbeke en Steenbeke in Oost-Vlaanderen.

Revisie en studie van oude en nieuwe vondsten in samenwerking met M. Rogge bracht nieuwe inzichten. Hij stimuleerde onderzoek met licentiaatsverhandelingen onder zijn leiding of herstudie van vroegere vondsten in de collecties van musea.

A. Van Doorselaer confronteerde ook de specialist en het publiek met de materie, bijvoorbeeld naar aanleiding van het congres van de Federatie van Kringen voor Oudheidkunde en Geschiedenis van België in de K.U.L. Campus Kortrijk. Op 22 - 24 augustus 1986 organiseerde hij de tentoonstelling *Archeologie Laat-Romeinse – Vroeg-Middeleeuwse periode*, waar hij het aardewerk van Kerkhove en Zerkegem samen bracht met materiaal van Tournai.

Soms leidde de revisie van oude vondsten tot nieuwe opgravingen, zoals onderzoek naar de exacte vindplaats van de 'pot van Zerkegem'. Plaatsbezoek bracht een noodopgraving op gang in 1986-1987 te Zerkegem die nederzettingssporen van de 2de tot de 8ste eeuw, Romeinse weg met karrensporen, een laat-Romeins wegtracé, een standgreppel van een houtbouw, waterputten en aardewerk zowel in *chamotte*-techniek als *grass-tempered* waar uit de vroege middeleeuwen aan het licht bracht.

Van 1988-90 breidden de activiteiten zich uit naar Vlaams-Brabant met het interdisciplinaire project '*Het probleem van de cultuurhistorische continuïteit en discontinuïteit in de periode tussen de Romeinse tijd en de Karolingische Renaissance (4de-8ste eeuw). Een archeologische benadering met de nadruk op Oost-Brabant*'. Het project resulteerde in opgravingen met M. Verbeeck te Erps-Kwerps met IJzertijdsporen, een Gallo-Romeinse villa en een Merovingisch grafveld, met M. Lodewijckx te Neerhespen in een Frankisch grafveld en te Wange in vroegneolithische Bandceramiek, IJzertijdbewoning, een Gallo-Romeinse villa, vroegmiddeleeuwse resten en een middeleeuwse kelder.

Van 1991-1994 startte een project '*Multidisciplinair archeologisch onderzoek naar de vroegste geschiedenis van de stad Zoutleeuw*'. Vervolgd in een samenwerkingsverband, eind 1994-1995 werkten de Stad Zoutleeuw, de provincie Vlaams Brabant en de Sectie West-Europese Archeologie van de K.U. Leuven samen in het project '*Verbeteringswerken aan de Kleine Gete*'.

In 1994-1995 volgden nog opgravingen met L. Opsteyn opnieuw op de Zwijvekekouter te Dendermonde. Dit leidde voor L. Opsteyn, o.l.v. Prof. Dr. M. Lodewijckx, tot het '*Frankenproject*' (1997-2001), een samenwerkingsverband van het Archeologisch Instituut van de Vrije Universiteit Amsterdam en de Afdeling Archeologie van de Katholieke Universiteit Leuven en met vervolgopgravingen te Wange en te Neerhespen.

Na zijn emeritaat is prof. em. André Van Doorselaer wetenschappelijk actief gebleven als auteur, eindredacteur, als actief bestuurslid in diverse verenigingen, als eminent spreker,... Zijn aandacht is toegespitst op Oost-Vlaanderen met Dendermonde en op West-Vlaanderen met de V.O.B.o.W. (vereniging voor oudheidkundig bodemonderzoek in West-Vlaanderen)-activiteiten en de uitbouw van het Regionaal Archeologisch Museum van de Scheldevallei te Avelgem-Waarmaarde/Kerkhove. Momenteel is hij onder meer betrokken bij de voorbereiding van een overzichtstentoonstelling te Dendermonde '*Van Prehistorie tot Karolingers*' met onder andere ook aandacht voor de overgangsfase Laat-Romeins en Vroege middeleeuwen en de studie van de Zwijvekekouter te Sint-Gillis-Dendermonde.

Prof. em. Dr. A. Van Doorselaer geeft een rondleiding in het museum
van de Universiteit Gent, foto Jozef Goderis.

Bronnen

Publicaties:

J. De Bie (1996) André Van Doorselaer. Portret van een actief leven in 1996, in
M. Lodewijckx (ed.) *Archaeological and Historical Aspects of West-European
Societies. Album Amicorum André Van Doorselaer.(Acta Archaeologica Lova-
niensia Monographiae 8)*, Leuven, 10-19.

H. Roosens en A. Van Doorselaer (1996) *Enkele merkwaardige graven uit de
Merovingische begraafplaats van Beerlegem (Archaeologia Belgica 91)*, Brussel, 26-45.

A. Van Doorselaer en S. De Cock (2005) 1974 – 2004 = 30 jaar archeologie in
West- Vlaanderen – 30 jaar V.o.B.o.W.,*Westvlaamse Archzeologica*, 19- 20.

A. Van Doorselaer (1981) *De Merovingische Beschaving in de Scheldevallei.
Handelingen van het Internationaal Colloquim Kortrijk 28- 30 oktober 1980
(Westvlaamse Archaeologica Monografieën 2)*, Kortijk.

A. Van Doorselaer (1977) La Vallée de l'Escaut à l'époque Mérovingienne. Quel-
ques Réflexions Critiques, *Helinium* 17, 209-230.

M. ROGGE en A. VAN DOORSELAER (1990) Handgevormd Aarden Vaatwerk uit de Laat- Romeinse en Volksverhuizingentijd in Scheldevallei en Kustgebied, *Westvlaamse Archaeologica* 6, 3, 13-17.

S. DE COCK, M. ROGGE en A. VAN DOORSELAER (1987) Het Archeologisch Onderzoek te Zekeregem-Jabbeke, *Westvlaamse Archaeologica* 3,2, 37-54.

L. OPSTEYN en M. LODEWIJCKX (2004) *The Late Roman and Merovingian Periods at Wange (Central Belgium)(Acta Archaeologica Lovaniensia Monographiae* 15), Leuven, 123-155.

L. OPSTEYN en E. TAAYKE (1998) *De Frankische Migratie. Nederland en Vlaanderen in de Laat-Romeinse Tijd,* Leuven – Amsterdam.

CATALOGUS

De catalogus bestaat uit een selectie van stukken die op de tentoonstelling 'Bagage van een Woelige Periode, de Vroege Middeleeuwen' te bezichtigen zijn.

Wapens

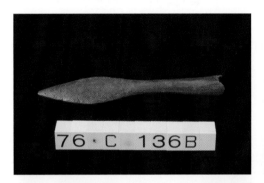 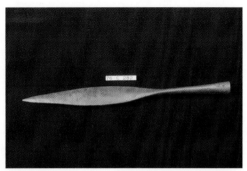

IJzeren lanspunten met ruitvormig blad, foto's Provinciaal Gallo-Romeins Museum Tongeren.

 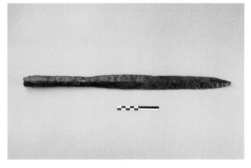

IJzeren lanspunten met lang smal ovalen blad, foto's Provinciaal Gallo-Romeins Museum Tongeren (links) en VIOE (rechts).

IJzeren pijlpunt, foto VIOE.

Francisca's (werpbijlen), foto's VIOE.

Keramiek

Biconische potten met links horizontale groeven,
midden en rechts radstempelversiering boven de knik, foto's VIOE.

Handgevormde potten, foto's VIOE.

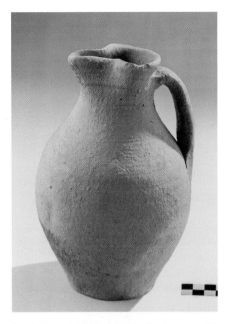

Aardewerken weefgewichtje, foto VIOE.

Wielgedraaide kruik volledig gedompeld
in een oranje grijze deklaag,
Eifelwaar, foto VIOE.

Links en midden: biconische pot met hoge hals en voorzien van radstempelversiering,
rechts: schaal, foto's Provinciaal Gallo-Romeins Museum Tongeren.

Glazen recipiënten

Palm cup (links) en hoornbeker (rechts),
foto's VIOE.

Edelsmeedkunst

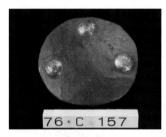
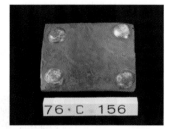

Verschillende onderdelven van een riem, foto's Provinciaal Gallo-Romeins Museum Tongeren.

Onderdelen van een gesp, foto's VIOE.

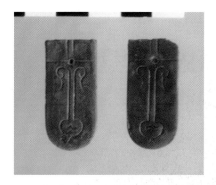

Volledig holle riemtong (links), zilveren beslagplaatje van een riem
(rechts), foto's VIOE.

Bronzen beugelfibulae (links en midden), twee identieke vergulde zilveren beugelfibulae (rechts),
foto's VIOE.

Bronzen vogelfibulae, foto's VIOE.

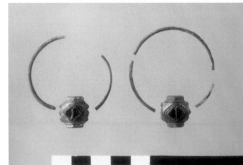

Zilveren oorringen (links) met zesvlakkige hangers (rechts), foto's VIOE.

Bronzen 'pennanular brooch' te groot voor een oorring en te klein voor een armband (links), zilveren bandvormige ring (rechts), foto's VIOE.

Vergulde zilveren schijfvormige fibulae, foto VIOE.

Rozetvormige zilveren schijffibulae met granaatsteeninlegwerk, foto VIOE.

Kralen

Voorbeelden van een biconische kraal of spinsteen uit glaspasta,
foto's VIOE.

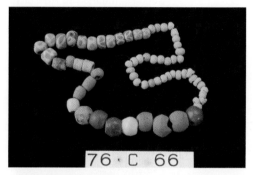

Links: acht kralen van een armband waarvan drie uit barnsteen en vijf uit glaspasta, foto VIOE,
rechts: reconstructie van een kralenhanger, foto Provinciaal Gallo-Romeins Museum.

Twee grote barnstenen kralen (links) en een verzameling kralen uit glaspasta (rechts),
foto's VIOE.

Mooi versierde kraal uit
rode glaspasta, foto VIOE.

Munten

Solidus, imitatie van Anastasius, links: buste met helm, mantel en lans
over de rechterschouder, rechts: rechtstaande Victoria met een lang kruis
in de rechterhand, foto het Penningkabinet van de Koninklijke
Bibliotheek van België.

Triens, Madelinus, links: buste met mantel en diadeem van parels,
rechts: kruis met voet boven een bol omringd door vijf punten die
samen twee horizontale lijnen vormen, foto het Penningkabinet van de
Koninklijke Bibliotheek van België.

Solidus, Theodebert I, links: buste met krijgsmantel en helm,
een lans vasthoudend over de rechterschouder, in de linkerhand een
schild met ruitermotief, rechts: rechtstaande Victoria in
vooraanzicht met in de rechterhand een lang kruis en in de
linkerhand een wereldbol met kruis, foto het Penningkabinet
van de Koninklijke Bibliotheek van België.

Organisatie tentoonstelling
Studentenkring Alfa i.s.m. Centrale Universiteitsbibliotheek K.U.Leuven

Algemene Coördinatie
Thomas Dhoop, Karolien Pazmany, Dries Van Langendonck

Wetenschappelijk advies
Prof. Dr. Marc Lodewijckx, Prof. Dr. Brigitte Meijns

Realisatie
Thomas Dhoop, Karolien Pazmany, Dries Van Langendonck
met medewerking van de archeologiestudenten van K.U.Leuven

Met dank aan
Dhr. Dirk Aerts, Mevr. Erna Mannaerts, de heren Marc Derez,
Dominique Coene, Staf Kamers, Gery Gerits, Mark Ronsmans
en andere personeelsleden van de Universiteitsbibliotheek
Mevr. Alexandra De Poorter (Koninklijk Museum voor Kunst en Geschiedenis)
Prof. Dr. Johan van Heesch
(Het Penningkabinet van de Koninklijke Bibliotheek van België, Brussel)
Mevr. Kristien Magerman (Opgraving Asse)
Dhr. Luc Geeroms (Stedelijk Museum Aalst)
Vlaams Instituut voor Onroerend Erfgoed (VIOE)
Provinciaal Gallo-Romeins Museum Tongeren
Mevr. Sofie Debruyne en Rica Annaert
prof. Dr. Jeroen Poblome
Dr. Hendrik Hameeuw
Ella Egberts en Patrick Rijks
Dorine Tijtgat

Met financiële steun van
Alfa archeologie
Centrale Universiteitsbibliotheek K.U.Leuven
Commissie Cultuur K.U.Leuven
Leukam: Leuvense Kunsthistorici, Archeologen en Musicologen
P.O.C. Archeologie, Kunstwetenschappen en Musicologie
Raap (onderzoeksbureau voor archeologische monumentenzorg en cultuurhistorie)
Stephaan Moerman Transport BVBA
Autofoon Waregem
Algemene Schrijnwerken Collie Manuel
Motorshop Desmet

Deze publicatie werd verwezenlijkt dankzij de steun van:

Stephaan Moerman
Transport BVBA

Algemene Schrijnwerken
Collie Manuel

LEUVENSE
KUNSTHISTORICI
ARCHEOLOGEN EN
MUSICOLOGEN